DESCRIPTION

DES

TOMBEAUX DE POMPEÏ.

DESCRIPTION
DES TOMBEAUX
QUI ONT ÉTÉ DECOUVERTS A POMPEÏ
DANS L'ANNÉE 1812.

PAR LE CHEVALIER

A. L. MILLIN

MEMBRE DE LA LEGION D'HONNEUR ET DE L'INSTITUT
IMPERIAL DE FRANCE, MEMBRE HONORAIRE DE
L'ACADEMIE ROYALE DE NAPLES etc.

DEDIÉE

A SA MAJESTÉ

LA REINE DES DEUX SICILES.

NAPLES

DE L'IMPRIMERIE ROYALE

1813.

Naples 23. Mars 1813.

A SA MAJESTÉ

LA REINE DES DEUX SICILES.

Madame

Lorsque Sa Majesté le ROI, repondant à l'appel de S.M. l'Empereur, Son Auguste Frere, est allé cueillir de nouveaux lauriers. Pendant que Sa valeur brillante excitoit l'admiration des braves, que sa bonté lui assuroit l'amour de l'armée, que sa loiauté le faisoit respectér des ennemis, et que son humanité lui atti-

roit l'estime du monde, vous supportiez les fatigues de l'administration, et vous avez montré quelle est la puissance de la grace et de la raison. Les fouilles de Pompeï ont offert à Votre Majesté un agréable et noble delassement. Docile aux desirs de son aimable Souveraine, cette terre classique a produit des monumens importans; j'ai essayé de les faire connoitre, et Votre Majesté a daigné agréer l'hommage de ma description. C'est une ancienne coutume, particuliere à l'Italie, et qui remonte aux premiers tems de sa gloire litteraire, de celebrer les epoques memorables, par tous les genres de litterature. On doit à cet usage la publication de monumens curieux, et de pieces interessantes qui seroient restés ignorés. Quel moment plus heureux pouvois je choisir, Madame, pour faire paroitre la description des monumens qui ont été decouverts, pendant la regence de Votre Majesté! Tout le royaume semble reuni pour célébrer le jour de la naissance de ses Souve-

rains bien aimés. La jeunesse Napolitaine, à la voix du Monarque qui la gouverne en sage et qui la commande en heros, est animée du feu qui a produit, dans ces contrées fameuses, des guerriers si vantés. Elle suivra bientot les pas d'un jeune Achille, pourquoi des Ajax et des Diomedes ne sortiroient ilspas de ses rangs. Tout retentit de cris d'allegresse! Permettez-moi, Madame, d'unir aussi mes voeux à ceux de vos sujets fidèles. Ils sont liés par le serment et le devoir, comme ils sont attachés par l'amour, à votre personne sacrée; je suis guidé par la reconnoissance. Je dois aux bontés du Roi, l'accueil distingué que j'ai reçu dans ses etats et le succès de mes recherches. Les temoignages d'estime, dont il m'a honoré, les encourragemens flatteurs que votre Majesté a daigné me donner, en sont deja la recompense.

J'ai l'honneur d'être membre de l'illustre Academie royale qui succede à celle d'Herculanum, et j'ai cherché à m'associer plus intimement à ses travaux, en trai-

tant un des sujets qui sont soumis à ses doctes discussions: j'ai voulu laisser, dans un royaume, d'où j'emporte tant de souvenirs, un tribut de mes foibles talens. Si mon hommage est agreable à votre Majesté je retourne en France, avec plus de desir de terminer les ouvrages que j'ai preparés: puissent ils m'assurer toujours son Auguste protection.

Je suis avec respect

Madame

De Votre Majesté

Le très humble et tres obeissant serviteur,
Le Chevalier A. L. Millin.

DESCRIPTION

DES TOMBEAUX

QUI ONT ÉTÉ DECOUVERTS A POMPEI DANS L' ANNÉE 1812.

IL n'y a point d'evenement plus remarquable dans l' histoire des grandes revolutions du globe et des phenomenes physiques, dont les hommes ont pu conserver la memoire que la destruction d'*Herculanum et de Pompeï*; il n'y a pas *non* plus d'*epoque plus* importante, pour l'etude de l'antiquité, que celle de la resurrection de ces deux villes. Après avoir été ensevelies, pendant dix sept siécles, elles reparoissent; comme si elles avoient été enveloppées dans la lave ou conservées sous la cendre, pour nous apprendre un jour à mieux connoître l'architecture des anciens, à nous former une idée plus exacte de leurs progrés dans la peinture et nous reveler enfin des particularités relatives à leurs usages publics et à leurs habitudes privées. L'amelioration du goût, pour la decoration des maisons et la fabrication des meubles, a été un des heureux resultats de cette decouverte et on ne peut meconnoitre l'influence qu'elle a exercée, dans tout ce qui tient à l'art du dessin. (1) On doit donc la plus vive reconnoissance aux Souverains qui ont entrepris et continué ces fouilles, et à l'illustre Academie qui a donné de savantes explications des precieux monumens qu'elles ont produits.

(1) Si l'on veut comparer la forme des meubles, les bordures des tentures et des tapis, les broderies des vetemens et des dentelles, les peintures des porcelaines, les gravures des cristaux, les ciselures des vases de bronze ou d'argent, avec les ouvrages du meme genre qui ont été faits avant la dernière moitié du siècle qui vient de s'ecouler, on suit aisement les progrès de la revolution que la publication des monumens d' Herculanum et de Pompeï, et celle des peintures des vases, appellés etrusques, ont operée dans le goût et le style du dessin.

Les troubles civils avoient fait interrompre les fouilles de Pompeï, elles ont été reprises avec une nouvelle activité. On veut aujourdhui connoitre l'etendue de la ville, avant d'entreprendre de la decouvrir entierement, et on a commencé à creuser autour de ses murailles. Quand son enceinte sera degagée on suivra ses differentes rues, et on penetrera dans les maisons dont elles sont bordées; il restera encore à ouvrir les chemins qui conduisoient aux portes, pour offrir à la curiosité les maisons de campagne qui etoient hors de la ville, et reproduire les tombeaux que les anciens placoient ordinairement sur le bord des routes (2). Cette der-

(2) Ceux que l'on rencontre sur la *via Appia* depuis Rome jusqu'à Naples attestent encore au voyageur l'antiquité de cet usage. M. Labruzzi a dessiné plusieurs de ces tombeaux, et en a publié un recueil. La coutume de placer ainsi les tombeaux avoit une origine morale, celle de rappeller l'idée de la fragilité de la vie, et le souvenir de la mort. *Sic Monumenta quae in Sepulchreis : et ideo secundum viam; quo praete-*

niere operation avoit été commencée sous l'ancien gouvernement, et on lui devoit la decouverte de la grande porte de Pompeï et d'une partie de la voie consulaire par la quelle on y arrivoit de Naples et de Rome. Ces fouilles avoient deja fait paroitre la belle maison de Campagne de M. Arrius Diomedes, et les gracieux hemicycles (3) qui ont étè imités si heureusement dans nos jardins (4). Les fragmens précieux de chapiteaux, de frises, de corniches qui ont été decouverts annoncent qu'il y avoit sur cette route des aedicules (5) et des tombeaux richement decorés : on y remarque en effet celui de la famille Arria et celui de la pretresse Mammia dans le lieu qu'un decret des Decurions

reunteis admoneant, *et se fuisse et illos esse mortaleis*. Varro *de Ling. Latin.* V. 6.

(3) Bancs demi-circulaires.

(4) Tels sont ceux des gazons du jardin dans le palais de Tuileries.

(5) Des petits temples.

lui avoit assigné pour sa sepulture (6). Ces decouvertes en promettoient de nouvelles, et celle des tombeaux dont je donne la description est le resultat des fouilles, qui se poursuivent avec autant d'intelligence que de zèle, et d'activité. Les premiers ouvriers continuent un travail necessaire à leur existence, mais on vient de leur adjoindre deux cent sapeurs dont la vigueur recoit une nouvelle application: apres avoir percé tant de mines, et ouvert tant de tranchées pour forcer des *villes* à se rendre, ces braves soldats s'etonnent d'en voir sortir une des cendres dont ils la degagent.

Les deux premiers tombeaux que je decris, se touchent, et n'ont d'autre separation qu'un mur mitoyen; la planche premiere en represente le plan, la coupe et l'ensemble. M. Catel (7) les

(6) Voyez les Descriptions de Pompeï par MM. Gaetano d'Ancora, et Romanelli.

(7) M. Francois Catel, peintre habile, né à Berlin, m'a accompagné dans mes voyages en Cala-

à dessinés de l'elevation que les cendres, qu'on rejette sur l'autre côte de la route on produite; on peut prendre ainsi une idée de la profondeur de la fouille. On distingue pl. I. les sinuosités du sentier par lequel les travailleurs portent les cendres. Les regards de celui qui est placè sur cette hauteur parcourent la voie consulaire, que le char de Ciceron *a du fouler tant de fois*, quand il etoit à son Pompeianum; ils embrassent les curieux monumens que je viens d'indiquer; ils s'arretent avec tristesse sur les torrens de cendre dont une ville entiere a été couverte. L'imagination se retrace tous les desastres qui eurent lieu dans cette fatale journée et ce souvenir porte l'ame à la melancolie, mais elle

bre ; sur les côtes, dans les golphes, et les isles depuis le cap Misene jusqu'à Reggio ; et dans une partie des Abruzzes, et au lac Fucin. J'ai un riche portefeuille composé des dessins qu'il a faits, et que je me propose de publier. Cet estimable artiste est à present à Rome, où il s'occupe à terminer des ouvrages qui le mettront au rang des plus celèbres paysagistes.

en est agreablement distraite par la vue des pampres suspendus à de sveltes et elegants peupliers, et qui forment d'agréables guirlandes. Les ceps vigoureux, dont l'activité des sels volcaniques favorise le developpement, mettent à l'abri des rayons du soleil et on jouit des charmes toujours nouveaux que presente l'aspect du golphe de Naples, depuis le delicieux promontoire des Sirenes jusqu'au cap auquel le trompette d'AEnée a laissé son nom.

Le premier de ces tombeaux pl. I. n. 1 est carré il est entouré d'un mur et decoré de bas reliefs pl. III. n. 1. et 2., la porte de l'enceinte est elevée par le trottoir et par un haut gradin au dessus de la voie publique; elle est ornée d'un bas relief pl. III. n. 3. Le mur est couvert d'un stuc semblable à celui dont la plupart des monumens de Pompeï sont si agreablement crepis; la Plinthe est peinte en rouge, le stuc, sur le reste de la Surface est moulé en compartimens qui donnent au mur l'apparence d'avoir été bati avec des pièrres de tailles. Les lignes qui marquent les separations sont triples et l'ornement qui regne à la partie superieure forme une frise.

L'entrée n'est pas derrière comme celle du tombeau voisin pl. I. n. 2. 4. et selon l'usage ordinaire; elle est sur le côtè pl. I. n. 3. On y monte par deux marches et on penetre dans une petite pièce carrée. On rémarque dans les trois murs qui sont en face et sur les côtés quatre niches destinées a récevoir des urnes; il n'y a que deux niches du côte de l'entrée, parce que la porte, quoiqu'elle soit très petite, occupe la place de celles du milieu. Au centre de la pièce n. 1. 3. est un pilier carré qui soutient le toit de l'édifice, ce pilier est percé en arcades sur chaque face et on voyoit, par ces ouvertures, l'urne principale qui etoit au milieu. Toutes les urnes ont été enlevées; on a seulement trouvé dans les niches, où elles devoient etre placées, des fragmens d'os brulés, et une petite lampe de terre cuite. Il y a plusieurs preuves, d'une pareille spoliation dans quelques tombeaux, et quelques maisons de Pompeï.

Le toit est composé de pièrres plates, posées l'une sur l'autre, et graduellement plus etroites. Leur ensemble forme un escalier de trois marches, sur chaque face; la troisième marche porte une base carrée un peu elevée, sur la quelle il y avoit probablement une statue. On decouvre encore, sur cette base, quelques vestiges des figures *de stuc dont elle* étoit ornée. Les traits de jambes d'hommes et d'animaux *qui sub*sitent annoncent qu'on y avoit représenté une *chasse*, à peu-près du même genre que celle dont je donne le dessin pl. III. n. 2.

Les bas réliefs qui decorent ces monuments pl. II. et III. doivent a présent nous occuper. Celui qui est sur la face même du tombeau carré est partagé en deux plans; le prèmier pl. III. n. 1. répresente des combats de gladiateurs; le second. n. 2. un autre combat aussi barbare, auquel on donnoit le nom de *chasse* (8), par ce qu'il avoit lieu entre des hommes et des animaux.

Le premier bas rélief n. 1. est composé de douze figures distribuées en six *paires* (9). Celui qui avoit la direction des jeux devoit appareiller les combattans, d'après la consideration de leur age, de leurs forces, et de leur habileté; chaque gladiateur a en effet ici son adversaire. Au dessus de chaque paire on lit des inscriptions qui ont été tracées avec un pinceau, selon l'usage dont on rémarque beaucoup d'autres exemples à Pompeï (10), et qui subsiste

(8) *Venatio*.

(9) *Paria*. Les Auteurs ont toujours employé ce mot pour désigner deux adversaires. *Gladiatorum par nobilissimum inducitur.* Cicero *de optim. gener. orat.* c. 6.

(10) Monseigneur Rosini Evêque de Pouzzoles, et président de la classe d'histoire et d'Antiquités de l'Academie Royale a fait figurer les plus importantes avec une extrême fidelité et les a savament expliquées, dans la première partie de la belle dissertation qui sert d'introduction à l'édition des manuscrits d'Her-

encore à Naples (11). Les inscriptions de Pompeï sont quelquefois tracées avec du noir, souvent aussi avec du rouge: ici les lettres sont noires.

Tous les gladiateurs sont à pied, à l'exception de la première paire qui est à cheval. Ciceron (12) fait mention de ces gladiateurs, et Isidore leur assigne le premier rang (13). Juste Lipse (14)

culanum. *Dissertatio Isagogica ad Herculanensium voluminum explanationem*, 1797. fol. Ouvrage qui fait tant admirer l'étendue de son erudition, et la solidité de sa critique: on éprouve de justes regrets qu'il n'en ait pas encore donné *la seconde partie*.

(11) *Les prohibitions*, les permissions, les avis de toute espèce étoient, sous l'ancien gouvernement, tracés sur les murs, en lettres cursives, avec un pinceau et en couleur rouge. On en trouve encore plusieurs qui sont absolument dans le genre des inscriptions de Pompeï.

(12) *Qui tamen quo tempore conspectus erat, non modo gladiatores, sed equi ipsi gladiatorum repentinis sibilis extimescebant*. Cicer. *pro Sextio* c. 59.

(13) *Genera gladiatorum plura, quorum primum ludus equestrium*. Isidor. *Etymol.* XVIII, 53.

(14) *Saturnal* Sermon. II, 12.

et Ferrarius (15) pretendent qu'on les appelloit *Andabatae* (16). Cependant, malgré la torture que ces auteurs ont donnée aux passages des anciens dont ils s'appuient, ils n'en citent aucun qui confirme ce qu'ils avancent. Il y avoit en effet des gladiateurs nommés *Andabatae*: ils portoient des casques sans ouvertures dont leur tête étoit complètement couverte (17) et ils combat-

(15) *De Gladiatoribus* in POLEN *Supplem. ad* GRÆV *Thesaur.* p. 326.

(16) Ils derivent ce mot du grec ἀναβαίνειν *monter*. Il est vrai que le mot *Andabata*, ou *Anabata* étoit en usage chez les Grecs; mais il designoit un guerrier qui étoit à cheval ou dans un char, ce dernier se nommoit aussi *Parabata*. Les Atheniens eleverent un autel à Demetrius Poliorcetes, sous le nom de *Zeus Catabates*, c'est à dire *Iupiter descensor* dans le lieu ou ce prince descendit de son char après avoir vaincu les ennemis; mais tout cela ne prouve pas que les Romains donnassent le nom d'*Andabata* aux gladiateurs qui combattoient à cheval.

(17) VARRON avoit composé une Satyre sur la folie des hommes, et leur aveuglement. Elle étoit intitulée *Andabatae*. NONIUS in *Luscios* II. n. 513. en rapporte quelques fragmens.

toient les uns contre les autres sans se voir reciproquement. Ces gladiateurs devoient être des espèces de grotesques d'un ordre inferieur aux autres (18). Leurs vaines tentatives pour se rencontrer, leurs coups perdus dans l'air amusoient les spectateurs (19) ; aucun auteur ancien ne dit qu'ils combatissent a cheval. Si cet usage a jamais existé, le bas rélief que je decris prouve au moins qu'il n'a pas été constant dans tous les tems et dans tous les lieux, car la visière du casque des gladiateurs, qui sont sous nos yeux, ne paroit

(18) Facciolati dans son excellent Dictionnaire traduit *seulement le* mot *Andabata* par ces expressions *combattente alla cieca*, c'est à dire dans le language vulgaire francais *combattant à l'aveuglete*, et il cite les passages des auteurs Latins, ou il en est question; puis, mais en s'appuyant sur l'autorité seule de Juste Lipse, il ajoute cette explication *gladiateur qui combat à cheval avec le front et les yeux couverts.* Ferrarius n'a fait que copier Juste Lipse.

(19) Il existe dans nos villages de France un jeu cruel, dans lequel des hommes, qui ont les yeux bandés et la main armée d'un fort baton, cherchent à frapper un malheureux oiseau, ou un pauvre lievre suspendus a un poteau.

pas même fermée : la manière dont l'un d'eux est tourné pourroit laisser quelque doute sur ce point, mais le visage de l'autre est absolument decouvert.

Nous n'avons pas besoin de réproduire le mot *Andabatae*, sur lequel nous n'avons, dans le sens qu'on lui a donné, aucun temoignage, pour savoir comment on nommoit les gladiateurs a cheval. Isidore (20) *et la belle inscription* qui est sur le mur extérieur de l'église de la Trinité a Venouse (21) nous apprennent positivement qu'on les appelloit *Equites*.

(20) Dans le passage cité plus haut note 13 il appelle les combats de gladiateurs à cheval *Ludus Equestrium*, et non pas *Ludus Andabatarum*.

(21) C'est une pierre tumulaire, qui contient la liste des gladiateurs qui composoient la troupe (*Familia*) de Salvius Capiton. Ils y sont distribués en plusieurs classes, parmi lesquelles est celle des *Equites*. Voyez pag. 19 note 35 ce monument a été publié par FABRETTI *Inscript. domest.* cap. I. n. 202, et réproduit dernièrement par Monseigneur LUPOLI dans son *Iter Venus.* p. 330. Il n'existe plus que la première partie de cette inscription, car j'ai vainement cherché la seconde à la place que Monseigneur Lupoli a indiquée.

Le bas rélief de Pompeï est le seul monument que je connoisse sur lequel on voye des gladiateurs a cheval.

Ces combattans ont des lances ; ils portent un petit bouclier rond (22), qui convenoit particulièrement aux gens à cheval, parcequ'il ètoit plus leger que le scutum: au milieu de ce bouclier, qui devoit être de cuir ou tissu avec du bois flexible, et recouvert de peau, est un rond de métal, et le bord en est également garni. Le vêtement de ces gladiateurs est *léger*, il se compose seulement d'une courte tunique et d'une petite *Chlamyde* ; les bras de l'un d'eux paroissent couverts de bandes de métal, qui sont placées de manière à ne point ôter à l'étoffe, sur laquelle elles sont fixées, la possibilité de suivre les mouvemens que le desir de l'attaque et le besoin de la défénse rendent nécéssaires. On rémarque les mêmes bandes à d'autres figures de gladiateurs, sur ces

(22) *Parma.*

bas réliefs et sur d'autres monumens que j'aurai occasion de citer.

La victoire n'est point encore decidée, cependant la vivacité impetueuse de celui qui a le bras droit levé semble la lui assurer: il va poursuivre son adversaire dont l'attitude paroit indiquer qu'il veut se derober par la fuite au coup dont il est menacé.

Au dessus de chacun des combattans est une inscription (23), celle qui est à gauche, à *côte du gladiateur qui paroit* près de sa defaite pl. III. n. 1. est ainsi conçue BEBRYX IVL. XV. V. je l'interprete BEBRYX IUL*iensis* XV. V*icit.* Bebryx Frejulien (ou *Frioulien*) a vaincu quinze fois.

Bebryx est un *nom de pays; il indique* la Bebrycie contrée celèbre dans l'antique histoire de l'Asie. Amycus qui perit sous le ceste de Pollux, après l'avoir osé defier, étoit, selon les poetes

(23) J'ai pris moi même des calques de ces inscriptions, et ces calques ont été reduits avec soin et avec exactitude sur le dessin.

qui ont chanté l'expédition des Argonautes (24), roi des Bebryciens. Les habitans de cette contrée étoient rénommés pour la force de leur corps et pour leur adresse dans les exércices gymnastiques. Le gladiateur, appellé Bebryx, n'étoit pourtant pas né dans la Bebrycie, puisque la même inscription lui assigne une autre patrie. Peut être prenoit il ce nom du pays d'où il tiroit son origine, comme font encore aujourd'hui les hommes d'une basse condition (25) et les saltimbanques (26). Tous les gladiateurs appellés *Thraces* n'étoient pas, pour cela, nés *dans la* Thrace; on les nommoit ainsi parce qu'ils portoient un petit bouclier rond (27) et une epée récourbée (28) à l'usage des Thraces: il en étoit de même des Myrmillons qu' on appelloit

(24) Apollon. Rhod. *Argonaut.* II, 3. Valer. Flacc. *Arg.* IV, 261, 290.

(25) Les laquais s'appellent Champagne, Berri, ec.

(26) Le Saxon, le Provencal, le Calabrois etc.

(27) *Parma.*

(28) *Harpé.*

gaulois (29), non parce qu'ils venoient tous des gaules, mais parce qu'ils portoient une armure gauloise. On pourroit croire que les gladiateurs à cheval, *equites*, avoient aussi le nom de Bebryciens, à cause de leurs armure, dont ce monument conserve la réprésentation; mais le nom de *nobilis*, qui est celui de l'adversaire de Bebryx s'oppose à cette explication. Sans aller chercher si loin, nous avons des preuves que ce nom de pays étoit devenu, comme tant d'autres (30), un nom propre; l'Epitaphe d'un esclave, qui se lit dans un nombreux colombaire (31) de la voie de Praeneste nous en offre un exemple (32).

Les lettres IVL qui viennent après me paroissent être les initiales du mot

(29) Mazocchi in *Inscript. mutil. Amphitheatr. Capuan.* IV, 17.

(30) Il y a en France des gens qui s'appellent Bourguignon, Lyonnois, etc.

(31) Tombeau appéllé ainsi a cause de la forme des niches ou on plaçoit les urnes.

(32) Muratori MDCCLXXXIV. 40.

IVL*iensis*. Ce mot semble ne pouvoir désigner qu'un habitant d'un lieu qui réconnoissoit Jules Caesar pour fondateur et il devoit toujours être joint au premier nom de ce lieu, car sans cela, il ne peut récevoir d'application. Aucun auteur ne produit le mot *Juliensis* employé isolement; je crois cependant en avoir trouvé des exemples dans les inscriptions. Muratori a publié (33) des tables très curieuses, à cause de la nomenclature des pays d'où venoient les soldats dont les noms y sont inscrits: on y lit le mot *IVAN peut* être est ce le même que *celui* IVLIA, qui est sur *un* autre fragment, que le savant abbé Marini a donnè depuis (34). Il pense que IVLIA peut designer le *Juliacum* des Vibiens; mais puisque nous trouvons dans nos inscriptions les mots IVL et FOR IVLI, mis à coté l'un de l'autre, ne pouvons

(33) Id. MDL, 5. et MCDLXXXIII, 13.

(34) *Atti de i fratelli Arvali* p. 324. il a aussi reproduit avec plus d'exactitude les tables qui avoient été publiées par Muratori.

nous pas conclure que la ville de Frejus, ou celle de Frioul, ont été quelques fois désignées par le mot IVLIA, et ses habitans appellés *IVLienses*, sans qu'on fit preceder ce mot de celui FORVM. La manière, dont le nom du pays de l'adversaire de Bebryx est écrit me paroit favorable à cette explication.

Les lettres XV. V. doivent désigner le *nombre des victoires remportées* par Bebryx. Cette formule est repetée dans chaque inscription, et *j'y ai cherché* vainement une autre explication. Si on adopte celle ci on levera, peut être, une grande obscurité dans la belle inscription de *Venouse* (35).

(35) Elle est partagée en plusieurs divisions par les mots *Equites*, *Traces*, *Myrmillones*, *Velites*, *Oplomachi*, *Samnites*, *Retiarii*, *Scissores*, *Galli*, qui designent les differentes classes de gladiateurs de cette trouppe. Le nom des gladiateurs est souvent accompagné des initiales d'un autre mot, dont Fabretti et Monseigneur Lupoli ne donnent point l'explication: peut etre indique-t'il le pays du gladiateur. Le nombre qui suit est celui de ses victoires; le mot *vicit* est designé par la lettre ⊳ renversée; enfin, dans la

Au dessus de l'autre combattant on lit distinctement NOBIL FOR IV XII. Cette inscription donne l'explication de quelques mots de la precedente, et elle en recoit aussi quelques clairtés. La lettre V. (*Vicit*) manque, mais le mot FOR IVL fait voir que, dans les autres, les lettres IVL doivent s'expliquer par IV*Liensis* pour FOROIVLIENSIS, Frejulien ou Frioulien. On ne peut decider aisement cette question ; cependant, comme on sait que la Gaule fournissoit beaucoup de gladiateurs, je croirois plustôt que ceux qui sont ici figurés étoient Frejuliens que Friouliens. Quoi qu'il en soit Frejus ou le Frioul procuroient

derniere colonne on voit un T ou un nombre : la lettre T doit signifier, comme chacun l'explique, *Tiro* apprentif, et le nombre celui des années que le gladiateur a passé dans la trouppe. D'aprés ma conjecture, on peut donc expliquer ainsi les passages suivans SECVNDVS POMP II ⊳ II. *Secundus de Pompeï a vaincu deux fois, et sert depuis deux ans.* DORYS PIS VI ⊳ IIII *Dorys de Pesaro a vaincu six fois, et a servi quatre ans.* HILARIO ARR XII ⊳ VIII *Hilario d'Ariano a vaincu sept fois, et a servi huit ans* etc.

alors d'abondantes récrues aux trouppes (*Familiae*) de Gladiateurs ; car a la réserve d'un seul, dont la patrie n'est pas clairement indiquée tous sont du même pays, *Forum Julii*. Nous devons lire ici NOBILIS FORO IVL*iensis* XII *Vicit*. *Nobilis Frejulien ou Frioulien a vaincu douze fois*. Le nombre des victoires de Nobilis n'est pas assez eloigné de celui que Bebryx a remportées, pour qu'il ne puisse se mesurer avec lui, et en obtenir encore une nouvelle. Il n'est point etrange que ce gladiateur ait été nommé *Nobilis*. Le retiaire que l'on voit, dans une celebre mosaïque de la villa Albani, tomber sous les coups d'un myrmillon appellé *Maternus* a le nom d'*Habilis* (36), qui n'est pas plus extraordinnaire que celui de *Nobilis*.

Les combattans de la paire suivante ont les jambes couvertes de lames de metal, et leur corps est ceint d'autres lames de la même matière. Ils s'ap-

(36) WINKELMANN *Monument. ined.* num. 197.

puient sur un bouclier cambré qui a la forme du *scutum* des Romains. Sa grandeur le rendoit capable de couvrir le combattant, quand il s'agenouilloit derriere, attitude que prennoient quelques fois les soldats, et aussi les gladiateurs. On sait qu'en joignant ces boucliers les uns contre les autres, on formoit une espèce de toit articulé, impenetrable à la cavalerie, et propre à l'attaque des places; parceque les pierres et les torches enflammées rouloient dessus. Les Romains donnoient à cette reunion de boucliers le nom de tortue, parceque les soldats y etoient a couvert, comme cet amphibie l'est sous sa carapace.

Ces deux gladiateurs se preparent à combatre, et ils regardent avec un geste qui annonce la surprise et l'admiration les deux gladiateurs à cheval.

Les inscriptions qu'on lit au dessus de cette paire sont moins bien conservées que les precedentes. Il ne reste de la première que l'indication de la patrie du gladiateur, et du nombre de ses victoires. IVL. XV. Ce frejulien ou frioulien a vaincu quinze fois, car la position des lettres ne permet pas de les separer, et de lire X. *Vicit*, a vaincu dix fois.

Le nom de l'autre gladiateur est aussi perdu. Comme les deux lettres qui subsistent occupent la place où sont les mots qui indiquent la patrie, on peut presumer qu'elle ont la même signification. Peut être ce gladiateur etoit il espagnol, et ces deux lettres IB sont elles les initiales du mot IB*erus*. Dans l' inscription de la villa Albani un des gladiateurs est appellé *Hispanus* (37), et *Iberus* pouvoit être egalement devenu un nom propre; ainsi l'Espagne fournissoit aussi des hommes qui se vouoient à cette profession. L'autre gladiateur, dejà vainqueur dans quinze combats, doit attaquer un dangereux adversaire, puisque, d'apres l'inscription XXX. V., celui ci a vaincu trente fois.

(37) VITALE *Inscrizioni Alban.*

Les paires qui suivent sont plus rapprochées et les inscriptions n'ont pas été placées comme les précedentes, faute d'espace. Elles sont absolument effacées et nous pouvons juger, d'après celles ci, que les lettres, au lieu d'être sur une même ligne en occupoient une seconde. Celles-ci appartiennent à une paire de gladiateurs, dont l'un est grievement blessé, puisque son sang coule sur l'arêne. L'autre a flechi le genouil et élève la main gauche. Ce gladiateur demande-t'il la vie, ou attend il au contraire, avec fermeté, le coup que son adversaire va lui porter? Ce n'étoit point en flechissant les genoux, c'étoit en deposant les armes (38) que le vaincu avouoit sa defaite; c'étoit par des prières, des larmes et des suppli-

(38) Cette manière de s'avouer vaincu s'appelloit *submittere arma*. *Quid ego istum adversarium mihi assumam? Statim* arma submittet : *non opus est in illum tota potentia mea*, *laevi comminatione pelletur.* SENEC. *de provid.* III.

cations (39) qu'il cherchoit à attendrir le peuple (40), pour obtenir la vie, en se tournant vers lui, souvent même de l'extremité de l'arêne (41), et, comme ce malheureux ne pouvoit pas toujours etre entendu, il levoit un doit en l'air (42), pour montrer qu'il demandoit grace (43). C'est ce que semble faire ce

(39) *Quas ego illius preces, quas pertinaces lacrymas, quam miserabilem obtestationem vidi! nemo unquam sic* rogavit missionem. QUINTIL. *Declam.* X. *in glad.* 9.

(40) Cela s'appelloit *provocare ad populum*, appeller au peuple. Non *faciam quod victi solent, ut* provocem ad populum. SENECA *Epist.* CVIII.

(41) *Nec populum* extremâ *toties exoret* arenâ.

HORAT. *Epist.* I, 6.

(42) C'est à l'occasion de cet Hemistiche

Digitum exere peccas.

» Sortez le doit vous étes vaincu. » Le Scholiaste explique ainsi ce passage : *Digito sublato, ostende te victum esse a vitiis. Tractum a gladiatoribus qui victi, ostensione digiti et veniam populo postulabant.*

(43) Cette grace s'appelloit *missio*, (renvoi) et l'action de la demander, *rogare missionem*. Supra note 39.

gladiateur en elevant la main gauche, et ce bas relief confirme un usage que nous ne connoissions que par une remarque d'un scholiaste des Satyres de Perse.

Les arts qui dependent du dessin ne peuvent exprimer qu'un seul moment dans une action; nous ignorons quel sera le succès de la soumission de ce gladiateur. Si le combat n'est point *sans renvoi* (44), ce qui arrivoit quelque fois, et ne peut être ici, car ce gladiateur n'auroit rien à demander, sa grace depend du caprice du peuple, puisque l'Empereur ne peut être présent (45), ou de la volonté de son

(44) *Sine missione*, *ce qu*'on rend en francois par l'expression populaire *sans remission*. C'est à la coutume de donner des jeux sans renvoi, que Florus fait allusion d'une maniere si noble en parlant de Spartacus : » Et comme il convenoit, sous un gladia- » teur devenu général, *on combattit sans renvoi* «. *Et quod sub gladiatore duce oportuit*, sine missione *pugnatum est*. Flor. III, 20. Auguste avoit defendu les combats de gladiateurs sans renvoi. Suet. *in Octav.* XLV.

(45) D'après l'edit dont je viens de parler, il n'est pas etonnant que la presence d'Auguste ait suffi

maître (46): mais il ne doit rien attendre de la pitié de son adversaire (47), ainsi ce ne peut être lui qu'il sollicite. L'amour qu'il temoigne pour la vie étoit regardé comme une lâcheté, et produisoit souvent un effet contraire à celui que les vaincus esperoient (48). Le peuple prenoit lui même parti contre les

pour sauver la vie au gladiateur vaincu. C'est à ce genre de grace qu'Ovide fait une heureuse allusion :

Caesaris adventu tutâ gladiator arenâ
Exit, et auxilium non laeve vultus habet.

DE PONTO II, VIII, 48.

(46) *Mittunt etiam vulneribus confecti ad dominos, qui quaerant quid velint : si satis his factum sit, se velle decumbere.* CICER. *Tusc.* II, 17.

(47) Un gladiateur vaincu dans les jeux qu'on celebroit à Nicomèdie, pour le jour de la naissance de Caracalla, vint implorer de lui son renvoi. „ Sors „ lui repondit il, et va demander grace à ton adver- „ saire. » DION. *in Caracall.* LXXVII, 22. C'étoit l'envoyer à la mort par une atroce plaisanterie, puisque cet adversaire n'etoit pas le maitre de lui accorder la vie.

(48) *Etenim si in gladiatoriis pugnis, timidos et supplices, et ut vivere liceat obsecrantes, etiam odisse solemus : fortes et animosos et se acriter ipsos morti offerentes servari cupimus.* CICERO *pro Milon.* 34.

timides (49); aussi les exemples de cette foiblesse étoient ils très rares (50). Les gladiateurs valeureux s'opposoient à la pitié des spectateurs; ils sembloient regarder comme legeres, les blessures graves dont ils étoient couverts et refusoient le renvoi (51). C' etoit même par un courageux desespoir qu'ils vouloient exciter l'interet (52); sans s'inquieter si le peuple cachoit le pouce (53), pour indiquer qu'il desiroit les

(49) *Quid gladiatoribus, quare populus irascitur, et tam* inique, *ut injuriam* putet quod non *libenter pereunt. Contemni se judicat et vultu, gestu, ardore de spectatore in adversarium vertitur.* Seneca *de ira* I.

(50) *Quis mediocris gladiator non modo stetit, verum etiam decubuit turpiter? quis cum decubuisset ferrum jussus recipere collum contraxit.* Cicer. *Tuscul.* II, 17.

(51) *Quaeris quid inter duos intersit? quod inter gladiatores fortissimos, quorum alter premit vulnus, et stat in gradu: alter respiciens ad clamantem populum, significat nihil esse, et intercedi non patitur.* Senec. *de constant. sapient.* 16.

(52) Supra note 49, 51.

(53) Pour sauver le gladiateur vaincu il falloit tourner la main de maniere que le pouce fut caché,

sauver, ils se jettoient en furieux sur celui qui les avoit blessés, et si cette audace ne leur conservoit pas toujours la vie, elle leur faisoit, au moins, quel-

l'elevation du pouce etoit au contraire le signe de sa mort.

Munera nunc edunt, *et* verso pollice *vulgi*
Quem libet occidunt popülariter.
JUVEN. *Satyr.* III, 36.

Ce signe meritoit bien le nom d'*infestus* que les anciens donnoient au pouce dans cette occasion. APUL. *Met.* II. p. 16. *edit. delphin.* on disoit aussi *infaustus*, comme on le voit par ce vers d'un ancien poete anonyme.

Sit licet, infausto pollice, *turba minax*.

S'il avoit fallu compter les pouces levés, comme on compte les mains dans une assemblée deliberante, l'operation eut été difficile; mais chez un peuple aussi avide de spectacles et aussi passioné que l'etoient les Romains les cris de la multitude, ses applaudissemens ou ses menaces devoient suffisament annoncer sa faveur ou sa colere. Chacun prenoit parti dans ces jeux, et, si l'on en croit Prudence, les vestales elles mêmes ne craignoient pas de donner ce signe affreux.

Pectusque jacentis
Virgo modesta jubet converso pollice *rumpi.*
PRUD. *contra Symmach.* II, 1097.

Il y avoit cependant des cas ou le peuple devoit se partager d'opinion, et dans les quels le signe deve-

ques fois ressaisir la victoire (54). Lors même que le triomphe étoit impossible, quand le renvoi n'étoit pas spontanement prononcé, ils aimoient mieux tomber sur l'arêne que de paroitre timides. Pourque leur chute fut honorable, ils devoient être etendus sur le dos (55) et, afin de terminer leurs soufrances, ils présentoient, sans detourner le visage, la place ou le vainqueur avoit indiqué qu'ils devoient recevoir le fer (56). C'est ainsi que quelques lampes antiques répresentent des gladiateurs mourants (57) que les curieuses mosaïques de la villa Albani nous font voir Kalen-

noit douteux nous ignorons si cette incertitude etoit favorable au vaincu.

(54) *Quinque retiarii, qui totidem secutoribus succubuerant, cumque occidi juberentur, unus, resumpta fuscina, omnes victores interemit.* Suet. *in Caligul.* 30.

(55) Cela s'appelloit *decumbere*. Voyez p. 29. note 50. et infra not. 56.

(56) *Quis cum* decubuisset, *jussus recipere ferrum collum contraxit* suprà not. 54.

(57) *Lucern. d'Ercolano* pl. VIII.

dio qui tombe sous les coups d'Astyanaax (58). Maternus recoit moins noblement le fer d'Habilis (59). Sur les anciens monumens de l'art les guerriers mourants sont ordinairement figurés appuyés sur un seul (60) genouil, ou ayant flechi les deux (61) ensemble : les morts sont representés couchés (62), ou etendus sur le dos, dans la poussiere (63). L'au-

(58) Winkelmann. *Monument. inedit.* n. 197.

(59) *Ibid.* n. 198.

(60) Voyez les nombreuses pièrres gravées qui répresentent des guerriers blessés. *Galerie mythologique* CLX, 601, CXXXIX, 610.

(61) Tydée est figurè ainsi plusieurs fois sur les pierres gravées. Lanzi *Saggio di Ling. Etrusc.* II. VIII., 9. Winkelmann *Monument. inedit.* 107. *Galerie mythol.* CXL, 509 ainsi que Capanée, Lanzi IX, 7. et plus autres guerriers. *Galerie mythol.* II, VIII, 10.

(62) Telles sont les pierres gravées qui representent la mort genereuse d'Othryades.

(63) Voyez les bas reliefs ou on a sculpté la mort des fils de Niobé. *Museo Pio-Clem.* IV, 17. *Galerie mythologique* CXLI, 516. Les femmes et les amazones font exception, et la decence vouloit qu'on les representat, ayant le visage contre la terre. Voyez le meme bas reliefs ou sont les filles de Niobé, et

teur de ces sculptures aura figuré ces deux gladiateurs vaincus comme il avoit vu representer des guerriers mourants; mais leur coutume particulier, et le sujet du bas relief, sont bien suffisans pour les faire distinguer.

La position des inscriptions ne peut servir pour reconnoitre à qui elles appartiennent; mais le signe qui termine la plus elevée nous l'apprendra. On y lit SVS IVL XV M. ⊖. Les lettres SVS sont les dernières du nom du gladiateur; il seroit absurde de vouloir choisir entre les noms auxquels elles peuvent convenir (64). Les lettres IVL XV annoncent

ceux ou sont figurés des combats de grecs et d'Amazones. *Museo Pio-Clement.* V, 21. *Galerie mythol.* CLIX, 595. Il y en a une fort belle repetition dans le jardin d'Atripalda près d'Avellino. On voit au Musée Royal beaucoup de statues qui representent des hommes armés, etendus sur l'arêne, ce ne sont pas des gladiateurs mourants, mais des guerriers, parmi lesquels il y a aussi des amazones. J'ai les dessins de quelques unes de ces statues qui sont inedites.

(64) Un des gladiateurs cités dans l'inscription

qu'il etoit de Frejus, comme les autres, et qu'il *avoit vaincu quinze fois.* Mais que signifient les lettres M. Θ. que nous n'avons pas encore rencontrées? La première ne peut se suppléer en lisant *Missus* (renvoyé), puisque nous allons voir que ce gladiateur a perdu la vie dans ce combat. Ce doit être l'initiale du mot M*yrmillo*, que l'on trouve ainsi dans les *listes* de gladiateurs (65), et la lettre qui a la forme du *theta* grec annonce que celui-ci, après avoir vaincu dans quinze autres combats, a trouvé la mort dans ce dernier. Cette lettre fünebre, initiale du mot *θανατευσης mort* (66) se remarque dans plusieurs inscriptions sepulchrales, quoiqu'elles ayent été composées en latin: on la trouve surtout dans celles de la Pannonie (67). Galien dit que, dans les denombremens, el-

de la villa Albani est nommé *Barosus*. Supra p. 24 note 37.

(65) Supra p. 20 note 35.

(66) Corsini *de siglis*.

(67) Spon. *Miscellan.* p. 245.

le étoit ajoutée aux noms des morts pour les distinguer des vivans (68). Probus nous apprend la même chose (69), et Paul Diacre dit expressement que, dans les revues militaires, on mettoit cette lettre auprès des noms des soldats morts; ce qui a encore été remarqué par Rufin (70). La forme de cette lettre étoit quelques fois differente, elle etoit couchée, et partagée ainsi ϕ, dans sa longueur, comme un *phi* (71); on la trouve sur la mosaïque de la villa Albani, ou elle indique que *Kalendio* et Maternus *ont* perdu la vie. Ce n'est pas *le seul* usage qui ait été *commun aux soldats* et aux gladiateurs. Cet emploi du *theta* a enfin passé dans les ouvrages de Biographie et d'histoire litteraire, pour indiquer que celui dont on ecrit la vie, ou dont on rapporte les ecrits, n'existe plus, et pour faire distinguer la date de sa mort de celle

(68) Cité par Spon.

(69) *Id.*

(70) *Id.*

(71) Coleti *notae* et *siglae* p. 433.

de sa naissance (72). Il est etonnant que Winckelmann (73) ait pu n'y voir qu'un signe d'orthographe, un point pour se-

(72) Saxii *onomasticon.*

(73) Non seulement Winckelmann n'avoit point distingué cette Sigle, à laquelle le savant Abbé Marini a le premier fait attention, en reproduisant ces mosaïques dans ses *Atti de i fratelli Arvali* p. 165 mais on n'a point encore expliqué les singulières inscriptions *qui les accompagnent et* Winckelmann n'en dit pas un mot. L'une d'elles n. 197. n'offre aucune difficulté, l'action est partagée en deux scenes, la première represente le combat d'*Astyanax* et de *Kalendio*, dont on lit seulement les noms avec le funeste ∅ auprès du dernier. Dans l'autre scene on voit le malheureux Kalendio qui meurt genereusement: on lit au dessus ASTIANAX VICIT KALENDIO ∅, *Astyanax a vaincu*, *Kalendio est mort*. L'emploi du mot VICIT autorise mon *explication* de la lettre V dans les inscriptions de Pompeï et de Venouse. Les inscriptions de l'autre mosaïque n. 198 sont bien plus longues. Elle est aussi partagée en deux scenes, dans la première on lit au dessus des deux combattans MATERNVS HABILIS: comme ces mots sont intervertis dans la seconde scene, il est evident qu'ils designent les deux gladiateurs; mais que veulent dire ceux-ci, ecrits au dessus dans la première scene, QUIBUS PUGNANTIBUS SIMMACHIUS FERRUM MISIT: il est probable que ce Symmachius etoit le chef de la troup-

parer les mots, comme la feuille de lierre qui est souvent employée à cet usage (74). D'après ce que nous venons d'ex-

pe, et qu'il *envoya le fer* c'est à dire l'epée, dont l'un des deux gladiateurs devoit frapper l'autre, dans ce combats à outrance, et ce sont ces épées courtes, à la romaine, que ces gladiateurs tiennent à la main. Dans la seconde scene on voit Maternus, renversé sur le ventre au milieu de l'aréne par Habilis, et probablement le Lanista Symmachius qui tient sa baguete à la main, et qui semble fuir pour eviter ce spectacle sanglant. Il y a au dessus NE CO HAEC VIDEMVS, je remplis les deux premiers mots par NE CO*ram*, et alors cela veut dire *ne voyons pas cela de prés*. On lit dans le coin *cette acclamation* SIMMACHI HOMO FELIX *Symmachius homme heureux*. Cette formule annonce que ce monument a été fait dans un bas tems, l'artiste a probablement voulu joindre au nom de Symmachius, une de ces acclamations de bon augure, dont les monumens nous offrent un grand nombre d'exemples. Au-bas d'une affiche de jeux de gladiateurs on lit à Pompeï le mot *Felicitas*. Peut être ces deux mosaïques etoient elles du nombre des tableaux que Symmachius exposoit comme font encore les saltimbanques pour faire juger du merite de leur trouppe.

(74) Cette feuille se voit sur la même mosaïque apres le mot *felix*, et elle est bien differente du Ø.

poser il n'y a pas de doute que cette lettre funebre ne designe le gladiateur blessé et qu'il est mort dans ce combat. Le nom du vainqueur subsiste en entier; les lettres suivantes me paroissent avoir appartenu a ces mots FO IVL V, elles nous apprennent que cet Hippolytus (75) avoit vaincu cinq fois (76).

(75) Il ne faut pas s'étonner de trouver ici *Hippolitus* au lieu d'*Hippolytus*. Les inscriptions relatives aux gladiateurs presentent toutes des fautes grossières d'orthographe. Sur les mosaïques de la villa Albani, que j'ai deja citées, on lit *Astianax* pour *Astyanax*, et *Simmachius* pour *Symmachius*. Sur les pierres de Venosa supra p.20. note 35. TR*ax* pour THR*ax*, OPL*omachi* pour HOPL*omachi*, ELEUTER pour ELEUTHER. Il n'est pas suprenant que les noms, portés par ces hommes qui étoient de la condition la plus vile, aient été denaturés au point de devenir meconnoissables; nous observons encore aujourd'hui des alterations semblables d'orthographe dans les noms des familles, qui sont depuis long tems sans culture et sans education.

(76) On parle toujours avec horreur de l'usage des combats de gladiateurs; mais nos jeux sont ils moins cruels? Dans le midi de la France le peuple court en foule voir des hommes lutter contre les taureaux (*Dissertation sur les taurocatapsies de la Thessalie et les ferrades d'Arles. Magaz. Encycl.*

Le grouppe suivant présente moins de difficultés. Les deux combattans ont jetté leurs boucliers, le vainqueur a perdu

ann. 1809. et *Voyage dans le midi de la france* Tome IV. En Espagne, dans les *Taureodores*, les hommes combattent contre ces animaux comme des bestiaires et c'est toujours au taureau que le peuple prend interet. A Paris le *combat du Taureau* est une boucherie; il a cependant un grand nombre de spectateurs qui ne sont pas tous d'une basse condition. Les executions populaires attirent par tout une foule immense. J'ai vu des hommes et des femmes même, aller dans des caleches elegantes, assister à un duel à mort, qui eut plus de deux mille personnes pour temoins, duel dans lequel un homme estimé perdit la vie. C'est le peril imminent d'une mort funeste qui fait regarder, avec avidité, la danse des batteleurs sur la corde et la voltige: plus les sauts sont perilleux, plus ils plaisent. C'est la certitude que la mort suivroit de près la chute qui attire la foule ebaïe à Tivoli pour l'ascension de Forioso ou de Madame Saqui, et a la terrible experience du parachute de Garnerin. Otez le danger personne ne voudra voir les funambules et les saltimbanques. Si ces hommes sont justement degradés par leur profession, ce ne sont pas au moins des malfaiteurs et des criminels déjà condamnés à mort, comme l'etoient d'abord les gladiateurs. On est forcé de convenir que l'homme est né avec un penchant naturel pour les spectacles barbares, si demain

son casque, il met une main sur son adversaire comme pour lui ordonner de recevoir le fer (77), dont il va le frapper, je ne puis decider si l' inscription qui subsiste appartient au vainqueur ou au vaincu. On y lit. Q VS IVL VI. *Quintus Frejulien a vaincu six fois.*

La composition du grouppe qui vient après est differente, et les armes dont *les gladiateurs font usage ne sont* pas les mêmes. Il répresente un combat entre deux myrmillons, chacun est armé d'un trident. Cela est contraire à ce qui nous a été transmis sur les gladiateurs, car on sait que le myrmillon étoit armé d'une fourche ou d'un trident, (*fuscina*) qu'il attaquoit le retiaire qui tenoit un filet (78) ou le Thrace qui avoit un bouclier rond et une epée re-

on ouvroit les arenes, les bancs et les vomitoires seroient pleins. Ne soyons donc point des censeurs si severes du gout que les Romains avoient pour les jeux de l'Amphitheatre.

(77) Supra. Note 50.

(78) Juste Lipse *Saturn. Serm.* II, 10.

courbée : mais les coutumes ont varié chez les Romains, selon les tems et selon les lieux ; et c'est pourquoi la decouverte des monumens nous apprend toujours quelques particularités que nous ignorions. Ils enseignent à ne pas regarder comme generaux des usages, qui ont été modifiés par mille circonstances (79). On ne peut rien opposer à un fait, les deux adversaires sont ici armés de tridents.

(79) *C'est precisement l'erreur dans laquelle tombent* tous ceux qui donnent des traités sur les moeurs et les usages des *Romains : ils* devroient toujours distinguer *l'epoque* à la quelle les auteurs qu'ils citent ont ecrit, et le pays *auquel* ils appartenoient. Pour nous borner aux gladiateurs, les monumens qui existoient aux tems de Juste Lipse, et dont il n'a fait aucun usage, nous ont appris des particularités qui contredisent beaucoup d'assertions que ce grand philologue a presentées comme des theses generales. Il y auroit une beau memoire à faire en reprenant le cadre de son traité. Pour lui donner plus de methode, il faudroit soumetre les passages qu'il rapporte à une nouvelle critique en faisant usage des connoissances que la decouverte des inscriptions et des monumens figurés nous ont procurées.

A qui des deux appartient l'inscription NITIMO F IVL V. Les prémieres lettres terminoient un nom propre, il n'est pas aisé de le remplir. Les myrmillons, comme l'a très bien observé le celebre Mazocchi (80) etoient aussi appellés gaulois, plutot à cause de leur armure que d'après leur pays natal. La terminaison de ce nom doit faire penser que celui ci, qui avoit *vaincu cinq fois*, etoit *Frejulien*, elle confirme la conjecture qui me porte à croire que ces gladiateurs étoient frejuliens plustôt qu'à penser qu'ils venoient du frioul. Les medailles (81) et les inscriptions de l'arc d'orange nous

(80) *De Amphitheatr.* IV, 17. p. 124.

(81) Tels que *Bucato*, *Aupo*, *Carmano*, *Ninno*, *Criciro*, *Vadnaio*, etc. Mionnet. *Cat.* 1. 85. On pourroit croire que ces noms ne sont pas complets, et que l' s manque, parceque on lit sur les medailles *Giamilo* et *Giamilos*, *Ninno* et *Ninnos*, mais les inscriptions de l' arc d' orange ne laissent aucun doute sur la terminaison en *o* de plusieurs noms gaulois : elle etoit d'ailleurs egalement en usage chez les Romains, ou nous trouvons *Capito*, *Cato*, *Cicero*, etc.

ont conservé beaucoup de noms gaulois qui finissent par un *o* (82), et s'ils ont une autre terminaison, dans les commentaires de Caesar, c'est qu'on les a latinisés.

Un des gladiateurs du dernier grouppe a laissé tomber son bouclier, action infamante, dans tous les genres de combats (83). Il semble fuir, pendant que son adversaire, armé d'un bouclier qui diminue vers son extremitè inferieure (84), le suit d'un air menacant. On lit, au dessus, *la fin du* nom du combattant qui se termine en A, ce qui n'est point insolite chez les romains (85). Les let-

(82) Ces noms sont gravés sur les boucliers des vaincus, je les ai tous rapportés et figurés dans l'*Atlas de mon voyage au midi de la France*, on y lit *Durno*, *Toutobocio*, *Mario*; c'est ce dernier nom qui a fait croire, contre toutes les regles de la critique et ce que nous apprend l'histoire de l'art, que cet arc avoit été bati en l'honneur de Marius.

(83) *Relicta non bene Parmula.*

HORAT. *od.* II, VII, 10.

(84) Infra Note 103.

(85) Messala, Sylla, Popma, e Cinna ec.

tres IVL XV nous font voir que ce fre' julien avoit *vaincu quinze fois*. La lettre M qui se retrouve ici doit s'expliquer comme dans les autres inscriptions par le mot *Mirmyllo*.

Ces inscriptions sont particulières à chaque grouppe, il y en avoit une autre qui, peut être, occupoit toute la longueur du bas *rélief* et qui contenoit, sans doute, des particularités sur le personnage à qui appartenoit ce tombeau et sur les jeux qui avoient été celebrés, pour rendre ses funerailles plus magnifiques; il n'en reste aujourd'hui que quelques mots, dont une partie est effacée. Je les lis ainsi MVNERE QVINTI AMPLIATI P.F.SVMMO. *Munere Quinti Ampliati Publii Filii summo*, c'est à dire *dans les derniers devoirs rendus à Quintus Ampliatus fils de Publius*.

Le mot *munus*, qui a tant de sens différents dans la langue latine (86),

(86) Robert Étienne, *Thesaurus Ling. Lat*. Facciolati *Dictionnar. Lat*.

a désigné d'abord les *présents* (*munera*) qui étoient deposés sur le bucher des morts par leurs amis (87), et ensuite tous les genres de fêtes et de spectacles qui étoient donnés au peuple par les aediles; mais quand il s'appliquoit aux funerailles il signifioit, en général, les *devoirs* rendus aux morts et s'appliquoit sur tout aux jeux qui contribuoient à la magnificence et à la solemnité des obséques. Ce mot vouloit donc dire à la fois *jeux funèbres et funerailles*.

Les combats de gladiateurs devoient leur origine à une coutume très ancienne et commune à presque tous les peuples qui ne sont qu'au premier degré de la civilisation. Les sacrifices humains ont precedé, par tout, ceux des animaux et les offrandes des productions de la terre. Achille fit couler le sang de douze jeunes Troyens (88) sur le

(87) *Dat debita caesis*
Munera, quas nostro misisset Cyzicus igni.
Valer. Flacc. *Argon.* III. 313.

(88) Homer. *Il.* XXIII. 175.

bucher de Patrocle, et l'innocente Polyxène fut immolée sur le tombeau du fils de Pelée (89). On vouloit appaiser les morts en egorgeant des prisoniers et des esclaves, parce qu'on croyoit que les mânes se nourrissoient de leur sang (90). Les combats ont succedé à l'usage de sacrifier des hommes sur la tombe des *Princes*. Les Romains emprunterent des Etrusques (91) et des Campaniens (92) l'idée de faire servir cet usage barbare à l'amusement du peuple. On crut même adoucir l'atrocité de ces sacrifices, en substituant à de malheureuses victimes, des gladiateurs qui furent appellés *Bustuarii* (93), parce qu'ils combattoient sur le *Bustum*, nom qui

(89) Euryp. *Hecuba*.

(90) On lira avec plaisir sur ce sujet l'interessante dissertation de M. *Giuseppe* di Cesare *dell'origine vera de' sacrifizj*, Napoli 1811. 8.°

(91) Servius *ad* Virg.

(92) Mazocchi *Amphiteatr. Napol.* V, 1, 126, 127. dit que par le mot etrusques il faut entendre les Campaniens.

(93) Cicero ad *Attic.* XII. 14. *in Pison.* IX.

étoit donné à la place où s'elevoit le Bucher. Comme les gladiateurs étoient d'abord choisis parmi les esclaves mechants et dangereux, et les hommes condamnés par les tribunaux, on les regardoit comme des offrandes dignes des Dieux infernaux. Leur courage et leur adresse pouvoient encore, par une suite de victoires, prolonger leur vie, et il leur restoit enfin l'espoir du *renvoi* (*missio*) dans la defaite, et du *congé* (*rudis*) après un long service. M. et D. Brutus furent les premiers qui donnerent ce spectacle aux funerailles de leur père, sous le consulat d'*Appius Claudius*, et de *M. Fulvius* (94). Cet usage fut continué aux obseques des hommes d'état, des Patriciens, et des Empereurs.

Nous ne connoissons point les charges que celui à qui appartenoit ce tombeau a exercées dans Pompeï; nous ne pouvons donc savoir si ces magnifiques obseques lui furent faites aux frais de la

(94) Valer. Max. II. iv. 7.

ville, d'après un decret de ses Decurions, ou aux siens propres (95). A' l'époque à la quelle il a vecu, les hommes d'une condition privée pouvoient augmenter par des jeux la pompe de leurs funerailles, s'ils étoient assez riches pour en payer la depénse (96).

C'est la première fois que je lis le mot *munus* accompagné de l' adjectif *summum*. Cette epithete fait voir qu'il doit être pris dans le double sens de *jeux* et de *funerailles*. Le mot *munus* indique que les funerailles sont un devoir sacré, puisque c'est le *dernier service* que les parens et les heritiers peuvent rendre à celui dont ils honorent la memoire. *Summum munus* se traduit donc très-bien par les mots *derniers devoirs* (97), que

(95) Infra p. 51,

(96) *Quidnam vero disponunt etiam illa, quae ultra vitam sunt, moles magnas sepulchrorum et operum publicorum dedicationes et ad rogum munera et ambitiosas exequias.* Senec. *de brevit. vit. ad finem.*

(97) *Summus* signifie *le plus eleve*, et par consequent *dernier*: ce mot a donc à peu-près la meme

les Francois employent en parlant des obséques.

Quintus Ampliatus dont le nom est au genitif, regi par le substantif *munus*, est il celui en l'honneur de qui ces jeux ont été celebrés, ou celui qui a été chargé de leur direction ? Ceux qui presidoient aux combats de gladiateurs étoient des Magistrats, ou des officiers, à qui cette fonction faisoit donner le nom de *munerarii*. Si Ampliatus avoit été seulement chargé de la direction des jeux, il *seroit designé*, *selon* l'usage adopté dans le style lapidaire, par ces expressions *munerarii* (98), *curatoris muneris gladiatorii* (99). L'association de ces mots *munere summo Quinti Ampliati* semble autoriser à croire qu'il ne peut

acception que celui *ultimus* ; mais celui ci ne designe le dernier que dans un ordre numerique. *Summus* a une signification plus noble et entierement convenable aux devoirs envers les morts, qui sont en effet les *derniers*, mais aussi les plus sacrés.

(98) Murat. *Thes.* passim.

(99) Id.

être question que des *derniers devoirs* qui ont été rendus à Q. Ampliatus.

On pourra objecter qu'Ampliatus n'a ici que deux noms, ce qui est contraire à l'usage ordinaire des Romains. Si *summus* etoit un surnom, on pourroit lire *Quintus Ampliatus Summus*; mais il faudroit qu'il fût au genitif *Summi*. Le mot *summo* a été calqué avec le plus grand soin : le tems l'a entièrement conservé, il ne peut s'accorder qu'avec le substantif *munere* qui est aussi à l'ablatif, et ne peut être le surnom d'Ampliatus. La lettre initiale du prénom pourroit avoir été effacée par le tems; mais si les Romains avoient ordinairement trois noms, les exemples (100) de ceux qui n'en ont eu que deux sont communs dans les inscriptions.

Si on juge d'après celle qu'on lit à present sur la face principale de

(100) J'en pourrois citer un grand nombre, je me contenterai de celui-ci tiré d'Herculanum

THEATRVM ET ORCHESTRAM DE SVO
L RVFVS L. F.

ce tombeau, on ne pourra se persuader que ce soit celui d'Ampliatus, surtout quand les pluies auront entierement emporté les lettres du bas relief. Voici cette inscription.

RICIO AF MEN
SCAVRO
II VIR ID
.ECVRIONES LOCVM MONVM
(X) (X) IN FVNERE ET STATVAM EQVESTR
FORO · PONENDAM CENSVERVNT
SCAVRVS PATER FILIO

A Ricius (101) *Scaurus fils d'A... de la tribù Menenia, duumvir pour rendre la justice; les Decurions ont donné le lieu du monument, et deux milles sesterces, pour les funerailles, et ont decidé d'eriger une statue equestre dans le forum. Scaurus pere à son fils.*

Si il étoit évidement prouvé, que cette inscription a toujours été à la

(101) Le nom de *Ricius* se retrouve encore dans d'autres inscriptions. Muratori *Thes.* DCCCLXXXI, 6. DCCCLXXXI, 1. il est aussi ecrit avec un double c *Riccius*. Id. DCCCXLXII, et Gruter. *Thes.* LIX, 8.

place qu'elle occupe aujourdui, la question seroit decidée. Ceux qui l'y ont fait mettre, ne se sont déterminés que par des motifs qui leur ont paru sans replique: je respecte leur savoir, j' aime leur personne, ce n' est qu' avec une extrême defiance que je hasarde de combatre leur decision, mais enfin je crois devoir proposer mes doutes. Cette inscription a été trouvée, à *peu de distance* du tombeau; la pierre s'ajuste assez bien, dit-on, à la place où on l'a mise, et sans elle le nom de celui à qui il appartient paroissoit inconnu. Telles sont les raisons qui les ont convaincus. J'ajouterai que la somme de deux milles sesterces, qui a été donnée par les Decurions, pour les funerailles, devroit avoir servi à payer le grand spectacle de gladiateurs et la superbe chasse qui en augmenterent la pompe. Je puis il est vrai me faire illusion, parceque mon jugement etoit deja formé, non après la decouverte, mais avant l'emploi de cette inscription que j'avois copiée et c'est un prejugé dont je dois me defendre : cependant, apres avoir tout examiné je me crois fondé à soutenir mon opinion.

La premiere fois que j'ai vu ce tombeau, la face de la base carrée qui le termine etoit couverte d'un beau stuc, parfaitement lisse, comme on le voit dans la gravure pl. II. il auroit été impossible d'y appliquer une inscription : pour faire tenir celle ci il a fallu piquer toute la surface, la depouiller de son stuc antique, mettre à nud les briques qui en etoient couvertes et enfoncér, sur les côtés, des crampons de fer tandisqu'on ne decouvroit la trace d'aucune attache, d'aucun lien de fer ou de bronze, ni sur le tombeau ni sur la pierre qui porte l'inscription. La pierre n'auroit cependant pu tenir sans ciment et sans liens. J'ajouterai qu'aujourd'hui la pierre couvre toute la surface du massif et que si elle s'ajuste, pour la hauteur, c'est qu'on a rebati le massif ou elle s'applique jusqu'à son sommet, de sorte qu'il est devenu un carré long au lieu d'un veritable carré. Quant à la largeur on n'en peut pas bien juger, puisque la pierre est fragmentée, et qu'elle est sans encadrement; cependant tous les autres tombeaux de Pompeï ont un encadrement, creusé ou saillant, à la place, à laquelle on lit l'inscription, ou qui lui etoit destinée, et celui ci ne manquoit pas plus que les autres de cet ornement, dont il reste encore des vestiges sur les deux faces laterales. Cet encadrement etoit de stuc et du même genre que celui du tombeau de Naevoleia Tyche pl. VI, et VII. Les lettres de cette inscription sont presque cubitales et un peu grandes relativement à la mesure du tombeau, qui se distingue par l'elegance de sa forme et de ses proportions. Les caracteres sont profondement creusés et annoncent, par leur beauté, une epoque voisine du regne d'Auguste, tandis que les bas reliefs et les inscriptions peintes, sont certainement d'un tems bien moins anciens.

Je ne vois donc aucun motif pour attribuer ce tombeau à Ricius Scaurus, puis qu' une inscription placée sur le monument lui même, atteste qu'il renfermoit la cendre de Quintus Ampliatus; je ne pense cependant pas que cette inscription, tracée grossierement avec un pinceau et dans la quelle Ampliatus n'est nommé que par occasion, soit celle qui lui etoit specialement consacrée; elle rappelle seulement son nom, à l'occasion des jeux qui ont été celebrés à ses funerailles. Il y en avoit probablement une autre, qui exprimoit les honneurs municipaux dont Quintus Ampliatus jouissoit et les titres qu'il avoit à la reconnoissance de ses concitoyens. Où étoit elle? qu'est elle devenue? c' est ce que je ne saurois determiner, mais ce n' est pas le seul tombeau de Pompeï qui manque d'inscription: on n'en a trouvé que la place sur ceux qui sont gravés pl. I. n. 4, 7., et pl. II. Si ces inscriptions ont été perdues, celle du tombeau d'Ampliatus peut avoir eprouvé la même disgrace. Je n'ai ni prevention pour Ampliatus, ni haine contre Ricius Scaurus; qu'ils reposent en paix! mon intention n'est pas de chasser aucun des deux de sa sepulture et de troubler ses manes; mais lorsqu'on traite une question, quelle qu'elle soit, il faut chercher la verité. Je ne propose cependant mon *opinion* que comme un doute. Si elle n'est point admise on regardera seulement Ampliatus comme le Magistrat qui a fait celebrer les funerailles de Ricius Scaurus, à qui ce tombeau appartenoit, et on expliquera ainsi l'inscription peinte: *dans les grands jeux, qui ont été donnés sous la direction de Quintus Ampliatus*. Je dois pourtant avertir que l'emploi du mot *summus* pour signifier *grand*, *magnifique* n'est pas conforme aux regles de la bonne latinité.

On ne se contentoit pas d'honorer les morts, par des combats de gladiateurs; on cherchoit encore à rendre les funerailles plus somptueuses et plus magnifiques, en y joignant des spectacles, appellés *Venationes* (102). C'etoient des *chasses* dans les quelles on faisoit poursuivre des animaux timides, par ceux qui en font ordinairement leur proie, et combatre des hommes contre des bêtes feroces, qu'on avoit rendues furieuses. Nous voyons dans le second bas-relief pl. III. n. 2, un lievre, un lapin et un cerf, poursuivis par des chiens; deux Bestiaires combattent un taureau, et deux sangliers. Un chien a dejà atteint un de ces animaux, et le bestiaire a enfoncé sa lance (103) dans le corps de l'autre. Le sang d'un sanglier coule sur l'arene. L'autre bestiaire a traversé avec sa lance le corps du taureau, et regarde avec une surprise melée d'effroi le coup qu'il a porté. L'animal furieux emporte le trait qui

(102) Cicer. *Epist. fam.* VIII, 1. Suet. *in Claud.*

(103) *Venabulum*. C'est l'arme que les anciens chasseurs nommoient en francois *epieu*, mot derivé de *spiculum* petite-lance. Les rois et princes se donnent encore aujourd'hui le plaisir de chasser le sanglier avec des lances.

fait couler son sàng; il se retourne fierement contre son ennemi, à present desarmé, et va venger sa mort en lui otant la vie.

Le troisième bas relief pl. III. n. 3. decore le dessus de la porte d'entrée du tombeau pl.I.n. 1. et 3. e pl.II. Les pilastres de cette porte sont cannelés, et ont des chapitaux *corynthiens*. *On y remarque cinq hommes; quatre sont armés.* Ils *ont* les membres et le corps couverts de lames de *metal; des casques*, des boucliers de differentes formes, des jambières plus ou moins ornées.

Les auteurs qui, comme Juste Lipse, ont voulu determiner, d'une manière precise, tous les noms des gladiateurs, d'après la forme de leurs armes, sont tombés dans l'erreur. D'apres les doctes recherches de ces ecrivains, le rètiaire devoit toujour porter un filet, et le casque du Myrmillo devoit etre surmonté d'un poisson; mais combien de differences ont fait naitre les tems et les lieux; c'est pourquoi les monumens sur lesquels on a figuré des gladiateurs, representent toutes les armes dont ils faisoient usage, mais elles ne sont jamais associées, comme Juste Lipse l'a dit, en reunisant des passages des auteurs anciens. Nous voyons ici des gladiateurs, couverts de bandes de metal; d'autres ont seulement une ceinture; ils sont armés de lances, d'épées, de tridents. Quelques uns ne sont vetus que d'une simple chlamyde: ils ont un casque orné d'un aigrete, un bouclier plus large à la partie superieure que par le bas, pour mettre la poitrine à couvert, sans gener le mouvement des jambes, et ils portent des jambières (*ocreae*). Telle étoit, selon Tite Live, l'armure des Samnites (104). Les Campaniens,

(104) *Forma erat scuti, summum latius, qua pectus atque humeri teguntur, fastigio aequali, ad imum cuneatior, mobilitatis causa. Spongia pectori tegumentum et sinistrum crus ocrea tectum: galeae cristatae.* Liv. XI, 40. Telle est l'armure de Baton qu'Antonin Caracalla obligea de combatre, en un seul jour, contre trois adversaires; il fut tué par le dernier et Caracalla lui eleva un tombeau, dont on a retrouvé le Cippe, qui est à la villa Pamphili. Fabretti *Co-*

par une suite de leur haine pour ce peuple, donnerent son nom a leurs gladiateurs, quelle que fut leur patrie, et ils les faisoient paroitre armés, à la manière des Samnites.

Trois des gladiateurs figurés dans le bas relief pl. *III*. n. 3. sont debout, un quatrième est blessé; le dernier, qui paroit avoir eu le principal honneur dans ces jeux, est conduit par un homme, qui est vêtu d'une simple chlamyde. Quoique celui ci n'ait point la baguette qui etoit le signe de sa profession, la confor-

lonna Trajana 255. en avoit donné une figure incorrecte. WINCKELMANN l'a fait graver plus fidelement *Monum. ined.* n. 198; mais comme il ne paroit pas avoir connu le passage de *Tite Live*, que je cite, il ne donne point la veritable raison pour laquelle la jambe gauche seule de Baton a une jambiere. Les Samnites des tombeaux de Pompeï ne different de Baton qu'en ce qu'ils ont deux jambieres. Parmi les griffonages que les soldats ont laissés sur les murs de leur camp a Pompeï on remarque une grossière esquisse d'un gladiateur Samnite. M. le Chevalier de Clarac, qu'on peut regarder comme un des hommes qui connoissent le plus et le mieux Pompeï, en a pris le dessin.

mité de son vetement avec celui des *Lanistae*, sur la mosaïque de la villa Albani, paroit prouver, que c'est aussi le *Lanista* ou chef de la Trouppe. Ce bas relief a certainement rapport, comme le premier pl. I. et pl. III. n. 1., aux jeux dont on a honoré les funerailles d'Ampliatus. Ces gladiateurs sont probablement les vainqueurs: on n'en a figuré que quatre parce que deux autres sont morts ou que leur victoire a été contestée, ou peut etre seulement, parceque le cadre *n'a permis d'y placer* que les quatre principaux.

Nous *ne devons pas être* etonnés de la decouverte de ces precieux monumens, qui apprennent des details curieux sur les combats de Gladiateurs. Les Campaniens étoient si passionés pour ce genre de spectacle, qu'outre les funerailles auxquelles il etoit specialement consacré, il n'y avoit point de grand banquet, dont ces jeux sanglants ne fissent le principal amusement. Le nombre des paires de combattants dependoit de la qualité des convives (105). Celui des gladiateurs devint si prodigieux, qu'au tems de Caesar, Capoue seule en avoit plus de quarante mille (106) qui etoient distribués en un grand nombre de trouppes (*familiae*). Il etoit impossible d'exercer une surveillance suffisante, pour contenir tant d'hommes audacieux et depravés. Ceux qui, sous la conduite de Spartacus, causerent tant de maux dans l'Italie, s'etoient echappés de Capoue (107).

Les habitans de Pompeï avoient la même passion que ceux de Capoue pour ce genre de spectacle. On y a trouvé plusieurs inscriptions qui sont relatives aux jeux sceniques et aux gladiateurs. Ce sont des especes d'affiches, comme celles de nos batteleurs; mais les caracteres sont tracés, comme ceux du premier basrelief de ces tombeaux, avec un pinceau, et ont

(105) Strab. V.
(106) Cicer. *ad Attic.* VII. 14.
(107) Velleius I. 30.

beaucoup souffert (108). Il y est toujours question du nombre des paires de gladiateurs, de combats, de chasses. Le jour où ces plaisirs doivent avoir lieu est indiqué. Une de ces inscriptions (109) annonce un combat qui doit durer quatre jours de suite, les 5, 4, 3, et la veille des Kalendes de Decembre. Chaque journée sera terminée par une chasse. Une autre apprend que la Trouppe (110) de N. Papidius Rufus donnera, le 4 des Kalendes de Novembre, une chasse et que, *depuis le douze* des Kalendes de Mai, il y aura des voiles pour mettre *les spectateurs* à couvert, et des mats pour porter ces voiles (111). Cet avis est signé par ONESIMUS OCTAVIUS PROCURATOR, c'est à dire *directeur de la trouppe*, il finit par

(108) Sil. ital. *bell. punic.* XI, 51.

(109) *Dissert. Isagog.* pl. IX. n. 2.

(110) *Familia gladiatoria.*

(111) *Dissert. Isagog.* pl. IX. n. 4. Il y en a encore une à peu-pres semblable n. 6.

cette exclamation de bon Augure FELICITAS (112).

La passion des habitans de Pompeï pour les chasses etoit donc aussi vive que leur amour pour les jeux de gladiateurs. Tous les habitans de la Campanie aimoient egalement les chasses de l'Amphitheatre. Ils offroient un culte particulier a Diana Tifatina (113). Les images de Diane *decoroient*, comme celles de Mars, les Amphitheatres (114), et le buste (115) de Diana Tifatina orne encore la porte de celui de Capoue (116).

(112) Cette acclamation est à peu-pres du genre de celle *Simmachi Homo Felix* qu'on lit sur une des mosaïques de la villa Albani; Winckelmann *monum. ined.* n. 198. elle me paroit confirmer que ce Symmachius étoit le *procurator* ou le *Lanista* de la trouppe. *Supra* p. 36.

(113) Mazocchi *de Amphith. Cap.* V, viii, p. 133.

(114) *Martem et Dianam utriusque ludi* (c'est à dire *ludi gladiatorii et venationis*) *praesides novimus.* Tertull. *de Spect.* 10.

(115) Ce buste a pour pendant celui de Junon.

(116) Ces beaux bustes colossaux et vraiment grandioses sont appliqués, contre le mur d'une maison;

Les figures des bas réliefs des tombeaux que je décris sont courtes et grossieres, cependant l'architecture est d'un style assez pur et les moulures sont de bon goût. On ne peut croire qu'on ait abandonné, sans motif, à un homme sans talent, l'exécution des ornemens de cette sepulture qui devoit appartenir à une des principales et des plus riches

qu'on appelloit autre fois le pretoire, avec ceux de Jupiter, de Mercure, de Pan etc. Ce mur est sur la grande rue, ou *la* route de Rome; il n'y a pas de faquin et de charetier qui n'insulte en passant ces divinités. *La chasteté* de Diane et l'adresse de Mercure ne peuvent les soustraire à d'indignes outrages: Jupiter fronce ses epais sourcils, comme un lion enchainé que la canaille attaque, et son fier regard semble encore menacer ses vils assaillants. Un marchand de chataignes, qui s'est établi sous la tete de Pan l'a burlesquement barbouillée de blanc, de rouge et de noir. On devroit placer ces bustes convenablement, et les magistrats des provinces feroient bien de s'opposer à ce gout de peinture qui s'est repandu dans tout le royaume. On y trouve par tout des Dieux blanchis à la craie, des Decurions et des Augustaux qui seroient bien etonnés, s'ils pouvoient voir les bizarres couleurs que leur toge a reçue.

familles de la ville. Tous les boucliers sont peints en rouge, en dedans, et les traces du sang que versent quelques gladiateurs et les animaux, percés par les lances des chasseurs, sont aussi peintes de la même maniere. Cet emploi des couleurs appartient à l'enfance de l'art, ou à son entière decadence (117); ce tombeau n'est pas d'une haute antiquité; il ne peut non plus être posterieur à l'an 79, époque de la destruction de Pompeï. Tous les monumens rélatifs aux gladiateurs sont, à peu-près, d'un aussi mauvais style. Il paroit que les artistes qui ont pris tant de modèles dans les gymnases, les palaestres, les hippodromes et les jeux athletiques, auroient cru deshonorer leur ciseau en réprésentant des

(117) Monsieur Quatremere de Quinci mon confrere à l'institut a composé une trés-belle dissertation sur ce qu'on appelle la *toreutique* et sur *l'emploi que les anciens sculpteurs faisoient des couleurs, des metaux et des pierres colorées.* Il est à desirer qu'elle soit bientot publiée.

gladiateurs. Les sculpteurs d'un talent mediocre qui se chargoient de ces travaux figuroient encore les gladiateurs d'une maniere grossiere, et souvent même burlesque (118) àfin que les images de ces hommes, dont la profession etoit si justement meprisée, ne pussent être confondues avec celles des heros et même des simples guerriers. On auroit cru prostituer l'ideal en l'employant pour ces viles images.

La partie technique de ces bas reliefs merite encore notre attention. Le stucateur apres avoir rendu lisse la surface, sur la quelle il vouloit operer, a enfoncé des broches de fer dans les endroits ou il devoit placer les figures, à fin de procurer l'adhesion de la matiére qu'il employoit, adhesion que la rouille du fer devoit rendre plus tenace. La chaleur des cendres volcaniques a

(118) Il suffit pour se convaincre de ce que j'avance de voir les monumens qui representent des gladiateurs; ceux qui sont figurés sur les lampes d'Herculanum confirment mon observation.

été si violente qu'elle a fondu ces broches, qui sont devenues comme des scories mamellonées. On les prendroit pour une matiere jaunâtre, comme le pain de maïs, qui auroit été machée et dont on auroit sali ces sculptures. La fusion des broches a fait eclater et tomber les figures qu'elles rétenoient et a causé la degradation de ces bas réliefs (119).

La forme générale de ce tombeau est elégante et même rémarquable à cause de ses rapports avec celle du tombeau de Mausole roi de Carie. Le toit de ce celebre edifice formoit le soubasement d' une construction pyramidale, composée de vingt quatre gradins, qui conduisoient au sommet où étoit une base sur la quelle on avoit posé

(119) M. Mazoi qui a si bien decrit dans les *ruines de Pompei* p. 22. la manière dont on appliquoit les ornemens de stuc, ne parle pas de celle la, parce que ce tombeau n'etoit pas encore decouvert quand il a redigé cette partie de son ouvrage.

une quadrige de marbre (120). Le tombeau d' Ampliatus ne peut être comparé à celui de Mausole, pour le luxe et la beauté des ornemens, mais il lui ressemble en petit par sa forme. Le sommet ne paroit pas avoir été une table d'autel, on peut croire que sa statue y etoit placée et si elle n'étoit pas de bronze, elle n'a point été fondue, ni enlevée depuis avec l'urne, et on la trouvera peut être à quelque distance du tombeau. Quant au motif qui a fait adopter cette forme j' aimerois à croire que ce monument a été elevé à Ampliatus par sa femme, et que pour temoigner sa douleur elle a voulu qu'il ressemblat à celui qu'Artemise, dont l' histoire a immortalisé la tendresse conjugale, avoit consacré aux mânes du roi son epoux; mais la ressemblance de ce monument avec deux autres que je vais decrire, fait voir que

(120) Le comte de Caylus a donné dans les mémoires de l'Academie Tom. XXVI. une description de ce tombeau. On peut encore consulter Aulisius *de mausolei architectura* dans le *tresor* de Salengre T.III.

cette forme etoit alors en usage, et dementiroit mon explication.

Quel étoit cet Ampliatus à qui on a fait des funerailles si magnifiques et dont l'urne, apres avoir été ainsi honorée, a été deposée au centre de ce tombeau bati sur la voie publique. Ce nom se trouve frequement dans les inscriptions; il y est donné à des hommes de condition *libre*, *mais plus souvent encore* à des esclaves, et à des affranchis: l'inscription nous apprend seulement que son prénom etoit Quintus et qu'il étoit fils de Publius; l'absence du surnom me fait croire qu'il n'etoit pas d'une naissance distinguée et qu'il descendoit de quelqu' affranchi.

Le second tombeau pl. I. et pl. II. n. 2. et 4. n'est separé du premier que par le mur qui leur est commun. Celui qui l'éntoure est orné de pilastres, les angles portent des cubes, terminés par de petites pyramides, et ces cubes sont decorés, du coté de la voie consulaire, de bas reliefs en stuc qui ont rapport aux funeraillles et à l'etat des ames apres la mort. Sur l'un pl. III. n. 5. on voit une femme qui tient une bandelete et une patère, au dessus d'un autel ou *elle* a offert des fruits. Les vases peints sont les monumens qui nous ont conservé les exemples les plus frappans de la doctrine mystique des anciens, reduite en allegorie. On y remarque souvent *des initiés* qui offrent des patères ou des bandeletes à l'ame d'un mort, figurée par une stele ou *colonne* funeraire, *un vase, ou un balustre* (121). Quoique le tems où les peintures de ces tombeaux *ont été faites*, soit tres eloigné de celui où on a fabriqué les vases peints, on avoit dû conserver, dans la Campanie, beaucoup d'anciens dogmes relatifs aux morts et un grand nombre de rites qui leurs etoient relatifs: nous venons de voir que les jeux sanglants sur le bucher, avoient pour objet d'honorer les mânes, et

(121) Cette doctrine est souvent rappellée dans mon ouvrage sur les *peintures des vases* 2. *vol. in fol.* Atlas.

de se les rendre favorables. Le prèmier des ces bas relief n.5. represente donc une femme, peut etre celle du defunt, qui sacrifie à ses manes en offrant sur l'autel chargé des productions de la nature une patère et une bandelete: l'une indique la pieté, et l' autre la pureté des initiés. Cette femme pare avec la bandelete le *squelete* du defunt pl. III. n. 5. *et semble* le relever, *pour indiquer* que, purifié par les mysteres sacrés, il entrera dans les isles fortunées, destinées à recevoir les ames des hommes vertueux. D'autres symboles qui ornent cette sepulture vont encore ajouter quelques probabilités à mon *explication*.

La chaleur *des* cendres et leur frottement ont fait totalement eclater et disparoitre la plaque de marbre qui etoit enchassée dans le cadre, orné de moulures, qu'on remarque au milieu du mur, pl. I. et nous ignorons le nom de la personne que ce tombeau renfermoit. Cela confirme les observations que j' ai deja faites relativement à celui d'Ampliatus que ces tombeaux n'ont pas tous une inscription.

En entrant dans l'enceinte pl. I. on voit une base carrée, sur la quelle est une tour ronde, le stuc dont elle est revetue, est moulé en compartimens qui figurent des pierres de taille, la forme du monument est pareille à celle des autres tombeaux ronds.

Derriere sont trois marches grossieres pl. I. n. 4. qui conduisent dans l'interieur par une petite ouverture carrée n. 2. 4. *cet interieur est circulaire*; on a pratiqué dans le mur cinq niches, pour *y recevoir des urnes. Celle* du milieu qui est la plus grande etoit destinée au chef de la famille, elle est demi circulaire et cintrée, les quatres autres sont carrées. Ceux qui ont violé le premier tombeau, ont aussi penetré dans celui ci, on n'y a trouvé que quelques os. Le trou, dont la voute est percé, atteste la profanation que cette sepulture a eprouvée.

Les murs sont interieurement couverts

de stuc et ornés d'une peinture à fresque, qui est en grande partie effacée. On y remarque, dans des encadremens, des dauphins et d'autres animaux marins. Ces symboles sont encore des signes de la felicité, dont les hommes vertueux et purifiés par l'initiation, doivent jouir dans les isles fortunées, où leurs ames sont portées par les *nymphes, assises sur des animaux marins* (122). Ces figures allegoriques confirment l'explication que j'ai donnée des petits bas reliefs qui decorent les angles des murs.

Je n'avois point revu Pompeï depuis le mois d'aoust 1813.; mes voyages dans les Abruzzes, et dans la Pouille m'avoient empeché d'y retourner. Quelle a été ma surprise d'y trouver encore, au mois de mars 1813., cinq monuments du même genre, nouvellement decouverts aussi beaux, et aussi interessants que les premiers!

(122) Voyez le beau sarcophage qui est aujourdhui dans le musée Napoleon. *Galerie mythol.* pl.LXXIII. n. 298.

L'entrée du tombeau pl. IV. etoit murée quand je l'examinai; on reservoit à sa majesté la reine le plaisir d'y entrer la premiere et je n' en ai pu faire graver le plan. Sa forme generale est très elegante, il est entouré d'un mur, absolument sembable à ceux des tombeaux que j' ai fait figurer pl. I. et de celui qui est gravé pl. VI., on n'y avoit partiqué aucune ouverture. Le monument qui s'eleve au milieu de cette gracieuse enceinte, a la forme de celui qui a été elevé à Ampliatus, si l'on adopte mon opinion, ou à Ricius Scaurus si elle n'est point admise. La matiere n'est pas la même et les ornemens different: celui ci est d'un marbre blanc et très fin. Sur la face principale du massif que portent les trois marches, est une inscription, en beaux caracteres proportionés à la grandeur du monument, et plus petits que ceux de l' inscription de Ricius Scaurus. On y lit

C. CALVENTIO QVIETO
AVGVSTALI
HVIC OB MVNIFICENT DECVRIONVM
DECRETO ET POPVLI CONSESV BISELLII
HONOR DATVS EST

à C. Calventius Quietus, Augustalis: l'honneur du Bisellium lui a été decerné, par un decret des decurions, et du consentement du peuple, à cause de sa munificence.

C. Calventius Quietus etoit Augustalis, c'est à dire qu'il appartenoit au college des Augustaux (123) ou prètres d'Auguste. Nous ne connoissons pas l'espece de munificence qui lui a fait decerner l'honneur du Bisellium, mais ce n'est pas le seul exemple qu'il ait été accordé pour des liberalités; une inscription qui a été trouvée à Suessa dans la Campanie, fait mention de C Titius Chresimus à qui le peuple a accordé l'honneur du Bisellium, pour lui avoir donné mille sesterces (124). On voit que cette distin-

(123) Les *Sexviri Augustales* sont si souvent nommés dans les inscriptions, qu' il est inutile d'en rien dire ici.

(124) Gruter. *Thesaur.* CCCCLXXV, 3.

ction municipale pouvoit, comme beaucoup d'autres, s'obtenir pour de l'argent, et elle n'exigoit pas même de grands sacrifices.

On ne sait pas encore bien ce que c'etoit que le *bisellium* et quelle devoit étre sa forme. Varron est le seul auteur ancien qui en fasse mention (125) et il n'en donne pas une idée précise; quant à l'espece d'honneur dont il étoit la marque distinctive, aucun ecrivain n' en a parlé. Chimentelli, à l'occasion d'un marbre qui fut trouvé à Pise et où il est parlé de l'honneur du Bisellium, qui a été accordé à Largentius, a composé un savant et volumineux traité (126); mais son erudition n'eclaircit point la question. Il ne peut determiner si le bisellium etoit un grand siege ou une reunion de deux petits; il rapporte, dans

(125) *Sic quod non plane erat sella subsellium dictum, ubi in ejusmodi duo* bisellium *dictum.* Varro *de Ling. Latin.* IV, 28.

(126) Chimentelli *Marmor pisanum de honore bisellii*, Bonon. 1666. 4.°

cinq planches, les figures de toutes les chaises curules et de tous les sieges que les monumens lui ont fait connoitre, et il ne produit pas une image authentique du bisellium. Noris et Mazocchi n' ont pas été plus heureux. Le premier pense que l' honneur du bisellium designe le Duumvirat (127). Mazocchi croit que le bisellium etoit *nommé ainsi*, par ce que *c'etoit une* espece de pliant (128) comme les siéges de bronze qui ont été trouvés au theatre d'Herculanum . Les tombeaux de Pompeï representent le bisellium d'une maniere indubitable. On voit evidement que c' etoit une espece de banc allongé qui pouvoit contenir deux personnes, quoique il ne servit que pour une et qu' il etoit plus ou moins orné, ainsi que le coussin qu'on posoit dessus v. pl. IV. pl. V. n. 2. et pl. VII. n. 2.

Chimentelli donne sept opinions sur ce qu'on appelle l'*honneur du Bisel-*

(127) *Cenotaph. pisan.* I. 3.

(128) *Tabul. Heracleens.* p. 155.

lium (129) et chacune est appuyée d'un grand nombre de passages classiques, qui ne prouvent que son erudition (130), et la chose reste encore indecise ; cependant une belle inscription que Fabretti possedoit et qu'il a publiée, sert beaucoup à l'eclaircir : elle nous apprend que „ les centumviri de Veïa, reunis à „ Rome, dans le temple de Venus, sont „ convenus d'accorder à C Julius Gelo„ tus, affranchi du divin Auguste, l'hon„ neur d'être admis entre les Augustaux

(129) *Honor. bisellii.*

(130) Selon Chimentelli le *Bisellium* devoit etre 1.° une *chaise particulière* dans les jeux et les ceremonies publiques. 2.° ces mots *honor Bisellii* servent à designer un personnage qui a obtenu deux fois, dans la ville qu'il habitoit, la première magistrature. 3.° ou qui y exercoit à la fois deux magistratures. 4.° peut etre designoit-on ainsi le Duumvirat. 5.° ces termes indiquent l'admission dans le Decurionat, ou simplement le droit de sieger parmi les Decurions. 6.° les Augustaux recevoient des honneurs pareils à ceux qu'on accordoit aux magistrats. 7.° Ce n'etoit pas un siège, mais une bige, ou char, dans lequel il y avoit place pour deux. Le lecteur peut choisir, car la question n'est pas decidée.

„ et de s'asseoir, parmi eux, dans tous les „ spectacles, sur un bisellium particulier.

Il est donc evident que le Bisellium avoit la forme de ceux que nous voyons sur les tombeaux de Pompeï pl.IV. V. VI. et VII. L'usage en étoit accordé aux personnes considerables; elles avoient le droit de s'asseoir dessus (131) au spectacle (132), au forum, et enfin dans les jeux et les fêtes publiques. *Cet honneur* etoit decerné au nom du peuple (133), par un decret des decurions (134); il s'obtenoit par des services (135), ou des liberalités (136). Celui qui l'avoit recu, avoit le titre de *Bisellarius* (137).

(131) *Honorem ei justissimum decerni ut Augustalium numero habeatur, aeque ac si eo honore usus sit; liceatque ei, omnibus spectaculis, municipio nostro,* bisellio proprio, *inter Augustales consedere.* Fabretti *Iscript.* III, 324.

(132) *Omnibus spectaculis.* Supra note 131.

(133) *Consensu populi.* Supra p. 76.

(134) *Decreto Decurionum.* ibid.

(135) *Ob merita.* Infra.

(136) *Ob munificentiam.* Supra p. 76.

(137) Gruter et Muratori *passim.*

Tous ceux dont les inscriptions font mention, pour avoir obtenu l'honneur du Bisellium, etoient des Augustaux. Fabretti conjecture, avec beaucoup de probabilité, qu'il leur etoit particulier; il n'etoit pourtant pas accordé à tous, mais aux plus distingués. Ce genre de distinction etoit absolument municipal, il ne donnoit aucun rang, aucune prérogative, et même aucun eclat, hors de la ville, où il avoit été decerné; c'est pourquoi aucun auteur n'en fait mention, pendant qu'il est rappellé par un assez grand nombre d'inscriptions (138).

Les moulures qui decorent ce tombeau et qui en encadrent l'inscription

(138) Cet honneur municipal avoit beaucoup de rapport au banc que les marguilliers obtiennent dans cette espece d'enceinte qu'on appelle l'*oeuvre*, dans nos eglises; aux loges ou aux places qu'on accorde, dans les spectacles et dans les fêtes publiques, aux officiers municipaux et aux principaux administrateurs. Ces places sont fixes, et le bisellium etoit portatif; c' est toute la difference : cependant on doit croire que celui à qui on avoit decerné l'honneur de ce siege avoit encore une place marquée où il le faisoit poser.

sont tres agreables, voyez pl. IV. et pl. V. n. 1., 2., 4., 5., les enroulemens qui terminent le couvercle sont noblement formés de belles feuilles de palmier pl. IV. et pl. V. n. 1., qui sont encore des marques honorifiques (139), l'extremité de ces enroulemens est decorée de têtes de beliers pl. IV. et pl. V. n. 2.

Les deux faces laterales sont ornées de couronnes de chêne, attachées avec des bandelettes pl. V. n. 1., c'est le plus bel hommage qu'une ville reconnoissante puisse offrir à un de ses citoyens dont

(139) Les statues togées qu'on trouve en si grand nombre et qui ont d'un coté une *scrinium* rempli de volumes, et de l' autre, pour appui, un tronc de palmier représentent des magistrats à qui les villes les ont elevées, ou par crainte, ou par reconnoissance. Mercure, dieu de l'eloquence et de la palaestre, est ordinairement appuyé sur un tronc de palmier, symbole des succés que le talent de la parole, et l'adresse dans les exercices font obtenir. Enfin le palmier est devenu le signe du martyre, triomphe du Christianisme. J'ai rapporté plusieurs exemples des significations allegoriques du palmier, dans mon *Dictionnaire des beaux arts* aux mots *palme* et *palmier.*

elle a recu des services ou des bienfaits.

Les petites pyramides qui s'elevent autour du mur d'enceinte sont ornées de quelques figures en stuc. J'ai fait graver les plus interessantes, on y remarque la victoire sur un globe, tenant une guirlande pl. V. n. 8. ou une bandelette n. 9, Oedipe qui devine l'Enigme du Sphinx pl. V. n.6. et probablement le même heros qui se repose après l'avoir expliqué n.7. Il y a une sphere sur là colonne qui est derriere lui et à la quelle son epée est suspendue par un baudrier. Je ne puis determiner ce qu'il tient *à la main; peut etre est ce une* bandelette. Ces signes, de l'enigme du Sphinx qui annonce des mysteres à decouvrir et de la Sphere à laquelle preside Lachesis, qui y lit la destinée des hommes (140), sont des emblèmes qui conviennent à l'emploi de la vie, à l'incertitude de l'avenir, à la mort et enfin à la doctrine mystique dont j'ai parlè;

(140) *Galerie mythol.* XCIII, 383.

ces bas reliefs ont beaucoup souffert, mais plus encore des outrages des hommes que de ceux du tems (141).

(141) Les degradations qui se commettent tous les jours à Pompeï sont veritablement affligeantes. Il semble que la manie de la destruction se reunisse aux effets d'une admiration mal raisonnée, pour n'y rien laisser. Des mechants, sans autre but que l'odieux plaisir de mal faire, brisent des autels et des colonnes, et degradent des ornemens. Des pretendus amateurs, ridiculement passionnés, profitent de l'absence ou de l'innattention des gardiens, et même quelques fois tentent leur foiblesse, pour enlever des lettres de bronze, et detacher des portions de mosaïque. On gate ces mosaïques à force de grater la poussiere dont on les couvre pendant l'hyver, pour les montrer aux curieux. On efface les plus belles peintures, en les lavant, et comment les lave-t'on, pour faire paroitre dans tout son eclat la vivacité de leurs riches couleurs. Que dirai je de l'odieuse manie qu'ont les voyageurs d'ecrire leur nom avec un instrument pointu, sans faire grace du lieu de leur naissance et du jour de leur facheuse visite à Pompeï. C'est un bonheur encore quand, par un transport de sentiment, ils n'ajoutent pas celui de leur amie. En regardant ce maussade melange de noms de toutes les nations, on croit lire le registre de presence de la grande assemblée du Pandemonium, ou de la reunion generale qui aura lieu dans la vallée de Josaphat. Il est remarquable que

Ce tombeau pl. VI. a une enceinte semblable à celle des precedents, pl.

les noms qui degradent des beaux stucs colorés, d'agreables peintures, d'elegants Arabesques n'appartiennent pas tous à la classe obscure, que le defaut de culture et d'education doit faire excuser. On y lit ceux d'un grand nombre de personnes tres-connues dans le monde, bien elevées, et qui y tiennent un rang distingué. J'en ai recueilli une longue liste; si je la publiois on regarderoit ce procédé comme un manque de convenance, une incivile indiscretion, une sorte de rusticité. Ce ne seroit pourtant autre chose que contribuer à faire plus promptement aquerir à ces amans de la gloire, l'espece de celebrité à la quelle ils aspirent. Ne seroit il pas possible d' interdire l'entrée des edifices de Pompeï à tous ceux qui ne sont pas accompagnés d'un gardien, en ne laissant libres que les rues. Ne pourroit on pas etablir des peines severes contre ceux qui portent sur ces monumens respectables une main profane. Une forte amende seroit celle du graveur en lettres sur le stuc ou sur la pierre; je voudrois de plus, que quand son nom seroit un peu connu, on lut le lendemain dans le moniteur napolitain *M. N. a payè hier une amende de tant pour avoir ecrit son nom sur tel monument*, je vondrois surtout qu'à la fin de l'article on repetat chaque fois ce vers de Martial.

Nomina stultorum semper in moenia leguntur.

Les noms des sots toujours se lisent sur les murs.

II, IV, on y entre par une porte carrée, large et peu elevée. Le mur est aussi decoré de pierres cubiques, terminées par des pyramides mais sans sculptures. La forme de l'edifice est, à peu près, la même que celle des tombeaux d'Ampliatus pl. II. et de Calventius pl. IV., mais la base ne pose que sur deux marches. Une partie du massif superieur est degradée. L'encadrement des bas reliefs et de l'inscription est tres riche, pl. VI et pl. VII n. 1. Le Buste de Naevoleia Tyche, qui l'a fait construire, est au milieu de cet encadrement, pl. VI et pl. VII n. 3, elle a des pendants d'oreille. Au dessous est un bas relief, pl. VI et pl. VII n. 2, qui represente le sacrifice solemnel, qui eut lieu, sans doute, dans les funerailles. Un pretre depose sur un autel une offrande qu'on ne peut distinguer, au près est une masse conique destinée, sans doute, à être consacrée et à côté est un jeune servant (*Camillus*). Derriere l'autel un des assistans eleve religieusement un pannier de fruits : à droite sont les officiers municipaux, les Decurions, et les *Sexviri Augustales* vetus de la Toge, qui rendent à Munatius Faustus les derniers devoirs. L'autre groupe est composé d'hommes, de femmes et d'enfans, qui probablement formoient la famille de Munatius: ils expriment leur douleur, et apportent à l'autel des offrandes, dans des corbeilles. La femme qui eleve les mains au Ciel, avec l'attitude de la douleur, doit être Naevoleia Tyche, elle même. Au milieu de la face principale du tombeau *on lit*

NAEVOLEIA LIB TYCHE SIBI ET
C MVNATIO FAVSTO AVG ET PAGANO
CVI DECVRIONES CONSENSV POPVLI
BISELLIVM OB MERITA EIVS DECREVERVNT
HOC MONVMENTVM NAEVOLEIA TYCHE LIBERTIS SVIS
LIBERTABVS Q ET C MVNAT. P FAVST F VIVA FECIT

Naevoleia (142) *Tyche affranchie à elle meme et à C Munatius Faustus Au-*

(142) Ce nom se trouve ainsi que celui de Naevoleius dans une autre inscription. GRUTER *thes.* CCCCXL, 9.

gustalis et Paganus (136) *à qui les decurions, d'apres le consentement du peuple, ont decernè le Bisellium* (137), *à cause de ses merites. Naevoleia Tyche a fait faire ce monument, de son vivant, pour ses affranchis, ses affranchies et pour C Munatius fils de Faustus.*

J'ai fait graver sur la planche VII. les divers details de ce tombeau, sur

(136) On appelloit *pagani* les habitans d'une espece de quartier ou de district nommé *pagus*. Chaque *pagus* dans la Campanie etoit administré par douze magistrats *magistri pagi*, et ils avoient quelques fois l'administration de deux *pagi* reunis. Tels etoient le *pagus Herculaneus* et le *pagus Joveius*; ces magistrats etoient chargés alternativement de diriger les *Terminalia* et les *Ambarvalia*, fètes qu'on celebroit pour la purification et la conservation des champs. Voyez ce que le savant Mazocchi dit des *pagi* dans son beau traité *de Amphit. Capuan.* VIII, 1. en commentant la curieuse inscription connue sous le nom de *Lex pagana*. M. Bonafede. Vitali a publié à Venise en 1785 une dissertation italienne sur l'epoque à laquelle on a commencé à employer le mot *paganus*.

(137) On ne trouve pas ici la formule ordinaire *Honor bisellii*, mais une autre un peu differente *Bisellium decreverunt*.

la face laterale du coté de la porte de Pompeï, pl. VII n.5, on voit le *Bisellium* de Munatius; il est moins orné que celui de Calventius, pl. IV, et pl.V. n.3. il est placé dans un encadrement semblable à celui de l'autre face, du coté de Naples. Cette face a été figurée entiere, pl. VII. n. 1. l'encadrement est agreablement composé de fleurs en roue, et de feuilles d'acanthe. Au milieu est un joli bas relief de marbre qui représente une barque *n.* 4; *elle a pour equipage quatre genies funebres*, qui font l'office de matelots; au mat sont plusieurs cordes; on remarque, au bas, une piece de bois dans laquelle passe le cable qui sert à hisser la voile: sa forme est celle d'une poulie mouflée, quoiqu'on regarde ce genre de poulie comme une invention moderne. Un des matelots monte à la corde principale, pour peser dessus, et hisse la voile que deux autres sont occupés à rouler autour de la vergue, manoeuvre qui est encore usitée aujourdhui, et dont j'ai éte tant de fois temoin dans mes voyages autour des golphes, et aux isles de Capri et d'Ischia. Un matelot qui est debout ordonne cette manoeuvre et en surveille l'execution. Une seconde voile triangulaire est etendue devant la grande voile et fixée au col de Cygne, qu'on appelloit Chenisque et qui ornoit ordinnairement la pouppe des barques et des galeres, chez les anciens. *On voit encore* sous la chenisque un corps arrondi que je crois etre une autre petite voile enflée par le vent: une petite flamme carrée flotte au haut du mat. La proue est accompagnée d'une galerie et le côté est orné d'une tete de *Minerve*, symbole du courage et de la prudence qui sont si necessaires dans les grandes navigations. L'absence des rames et la conformité du grement, avec celui des nos barques modernes, qui n'ont qu'un mat et une voile latine, sont tres rémarquables, et ces details attireront certainement l'attention de quelque marin qui saura mieux que moi les expliquer.

La manoeuvre de serrer la voile est une ingenieuse allegorie du voyage penible que l'ame fait dans la vie ; après tant de bourasques et de tourmentes, la mort lui offre un port assuré, et c'est dans ce port que Naevoleïa, qui est à la pouppe, couverte comme les ombres d'une grand voile va entrer (145).

Ce tombeau a été ouvert depuis peu: l'interieur est carré, il y a en face de la porte une niche carrée et cintrée plus grande que les autres, et de chaque côté des niches carrées plus petites; autour regne une espece de console, sous laquelle il y a des niches extremement petites et qui ont veritablement l'apparence de nids à pigeon (146). On n'a trouvé dans ce tombeau que quelques vases d'une terre rouge, avec des figures en relief: ont peut juger par la nature de la terre, le tra-

(145) Sur le bel *autel de la tranquillité*, ARA TRANQVILLITATIS, du *Musèe Capitolin* pl. XXX. p. 160 on voit une galere qui arrive au port.

(146) On appelloit ces tombeaux *colombaires.*

vail du relief et le stile du dessin, que ces vases sont gaulois, il ressemblent absolument à ceux qui se trouvent si abondament en France (147) dans la Belgique (148) et en Angleterre (149). Cette circonstance paroit singulière, mais on voit aujourd'hui à Naples beaucoup de Porcelaine de Saxe, de Sevres, de la Chine et du Japon, pourquoi un habitant de Pompeï n'auroit-il pas possedé quelques vases gaulois (150)?

On a aussi trouvé des phioles de verres remplies d'une eau rousseâtre, qui avoit probablement contenu des matieres animales, ces phioles etoient si

(147) Voyez les sept volumes du Recueil *du comte de Cuylus* au chapitre *monumens gaulois*; la *description des monuments qui ont été trouvés dans le jardin du Senat* par M. GRIVAUD etc.

(148) Voyez les *recherches sur la Belgique* de M. de BAST.

(149) On en a gravé un grand nombre dans le second volume de l'*archæologia britannica*, nom donné au recueil de la Societé des Antiquaires de Londres.

(150) Ces vases sont dans le musée de Sa Majesté la Reine.

bien fermées que la liqueur ne s'etoit point evaporée, elle avoit une saveur fade (151).

La porte d'entrée etoit tenue par des crochets de fer, qui sont reduits au même etat que les broches du bas relief qui decore le tombeau d'Ampliatus.

M. Mazoi a très bien remarqué, que les habitans de Pompeï ont plus souvent employé dans leurs constructions le fer que le bronze, ce qui est contraire à l'usage ordinaire des anciens: la serrurerie est comme il le dit en general tres grossiere.

Aupres de l'entrée de ce tombeau est un des ces pilastres de marbre surmontés d'une boule, qui sont assez communs à Pompeï. Ces marbres sont ordinairement sciés dans leur longueur et portent une inscription comme celui qui est figuré pl. I. n. 8. c' etoient de simples

(151) Il y a dans le musée de Turin un globe de verre qui contient un cerveau humain flottant dans une liqueur; ce globe a ete trouvé dans une boete de plomb et le tout étoit dans un tombeau antique.

commemorations, la forme de ces pierres est allegorique, nous la trouvons sur la petite pyramide du tombeau de Calventius pl. V. n. 8: c'est un symbole de la fatalité, exprimée par la sphere, dont Lachesis se sert pour tirer l'horoscope des hommes (152).

(152) Voici *les* inscriptions que j'ai remarquées sur ces pierres.

1.

NISTACIDIO HELINO
PAG · PAGI · AVG
NISTACIDIO IANVARIO
MESONIAE SATVLLIAE IN AGRO
PEDES XV IN FRONT IIDF XV (sic)

2.

ARRIAE M L
VTILI

3.

NISTACIDIVS
PAGANVS

4.

NISTACIDIVS
HELENVS PAG

5.

IVNONI
TYCHES IVLIAE
AVGVSTAE VENER

6.

C MVNATIVS
ATIMETVS · VIX
ANNIS LVII.

7.

NISTACIDIAE SCAPIDI

Aupres du monument de Naevoleia est encore une enceinte dans la quelle on penetre par une petite porte carrée. Au lieu d'un tombeau on voit un *triclinium*, bati en briques et recouvert de stuc; il est en pente vers les murs et relevé vers la table carrée qui est au milieu pl. I. n. 7. Il etoit destiné à ces repas funebres dont il est si souvent question dans les inscriptions antiques, où on trouve l'indication du jour du festin, le nombre des convives reglé, la depense fixée (153). Devant ce triclinium est un trou rond dont j'ignore l'usage. On mettoit probablement des coussins sur ce dur massif, pour le jour de la ceremonie.

Il n'y a dans cette enceinte aucune inscription, et comme il n'y a point de communication avec le tombeau de Naevoleia Tyche, on ne peut dire si ce triclinium en etoit une dependance, on peut cependant le presumer. Il y a sur le mur d'enceinte derriere le tombeau

(153) *Ruines de Pompei* p. 23.

de Naevoleia un fronton au milieu du quel est l'encadrement d'une tablette , supportée par des genies ailés, l'inscription a disparu , peut être contenoit elle les dispositions relatives au repas funebre que Naevoleia avoit fondé.

Le dernier tombeau pl. I. n. 5. 6. a la forme d'un autel: il est bati en pierres quadrangulaires soigneusement taillées, mais il n'a d'autre ornement que ses belles proportions, et un enroulement d'ecailles de palmier, qui le recouvre. L'inscription qui se lit, en beaux caracteres, sur une pierre carrée et qui est repetée sur trois faces est ainsi concue

M. ALLEIO LVCCIO LIBELLAE PATRI
AEDILI II VIR PRAEFECTO QVINQ ET
M ALLEIO LIBELLAE F DECVRIONI VIXIT
ANNIS XVII LOCVS MONVMENTI PVBLICE DATVS EST ALLEIA M F
DECIMILLA SACERDOS PVBLICA
CERERIS FACIVNDVM CVRAVIT VIRO
ET FILIO

A Marcus Alleius Luccius Libella Pere, aedile II. vir, praefet quinquennalis et à M. Alleius Libella son fils Decurion, qui a vecu XVII. ans. L'emplacement du mo-

nument a été donné par le Peuple. Alleia Decimilla fille de M. pretresse publique de Ceres a pris soin de le faire executer pour son mari et pour son fils.

Il est difficile de se faire une idée de là beauté de la route que decorent ces monumens et du noble effet qu'ils produisent. Quel spectacle devoit donc offrir la voie Appie, bordée de semblables edifices d'une plus grande proportion, et dont il nous reste encore des modeles (154)! quel champ ouvert à la meditation! quelles vives lecons sur la fragilité de la vie, sur l'emploi qu'on en doit faire et sur les honneurs que les services rendus à son pays peuvent faire obtenir!

Les tombeaux de Pompei seront gravés en grand dans l'interessant ouvrage que M. Mazoi fait paroitre (155) et on pourra mieux juger de leur elegance. J'au-

(154) Supra.

(155) *Les ruines de Pompei*, la premiere livraison vient de paroitre et fait vivement desirer que les autres se succedent rapidement.

rois pu m'etendre sur diverses particularités qu'ils presentent, mais ils seront aussi l'objet du beau travail que l'academie royale publiera avec maturité, et qui ne laissera rien à desirér.

Cette explication n'est donc que provisoire, j'ai voulu seulement repondre à l'impatience de ceux qui aiment ce genre de recherches, laisser un tribut dans un pays où j'ai reçu tant de temoignages d'estime et une si grande hospitalité, et deposer aux pieds des souverains, à qui on doit ces precieuses decouvertes, un hommage de respect et de reconnoissance.

FIN.

EXPLICATION DES PLANCHES.

I. Plans des deux premiers tombeaux etc.

1. Coupe du tombeau d'Ampliatus, *pag.* 7.
2. Coupe du tombeau rond, *p.* 70.
3. Plan du tombeau d'Ampliatus, *p.* 7.
4. Plan du tombeau rond, *p.* 73.
5. Autel sepulchral d'Allejus Libella, *p.* 96.
6. Table du même tombeau.
7. *Triclinium* funeraire, *p.* 95.
8. Pierre tumulaire, en forme de pilastre, qui porte une Sphere, *p.* 94.

II. Vue des deux premiers tombeaux, *p.* 6.

III. Bas reliefs des deux premiers tombeaux.

1. Bas *relief qui est sur la base* du tombeau d'Ampliatus: combats de gladiateurs, et inscriptions peintes, *p.* 9.
2. Chasse, *Venatio*, qui est au dessous du precedent bas relief, *p.* 56.
3. Bas relief qui est sur la porte du même tombeau, *p.* 58.
4. Bas relief qui decore une des petites pyramides de l'enceinte du tombeau rond, *p.* 71.
5. Autre, *p.* 72.

IV. Face principale du tombeau de Calventius, où l'on voit le *bisellium*, *p.* 75.

V. Details du même tombeau.

1. Face laterale decorée d'une couronne de chêne, *p.* 82.
2. Enroulement orné d'une tête de belier, *id.*

3. *Bisellium*, *p.* 83.
4. Ornemens de la base, *p.* 81.
5. Arabesque de l'encadrement, *id.*
6. Bas relief d'une des petites pyramides, *p.* 83.
7. Autre, *id.*
8. Autre, *id.*
9. Autre, *id.*

VI. Face principale du tombeau de Munatius Faustus, et de Naevoleïa Tyche, *p.* 87.

VII. Details du même tombeau.

1. Face Laterale, *p.* 89.
2. Bas relief de la face principale, *id.*
3. Buste de Naevoleïa, *p.* 86.
4. Bas relief de la face laterale, *p.* 89.
5. *Bisellium* qui decore l'autre face laterale, *id.*

PL. I.

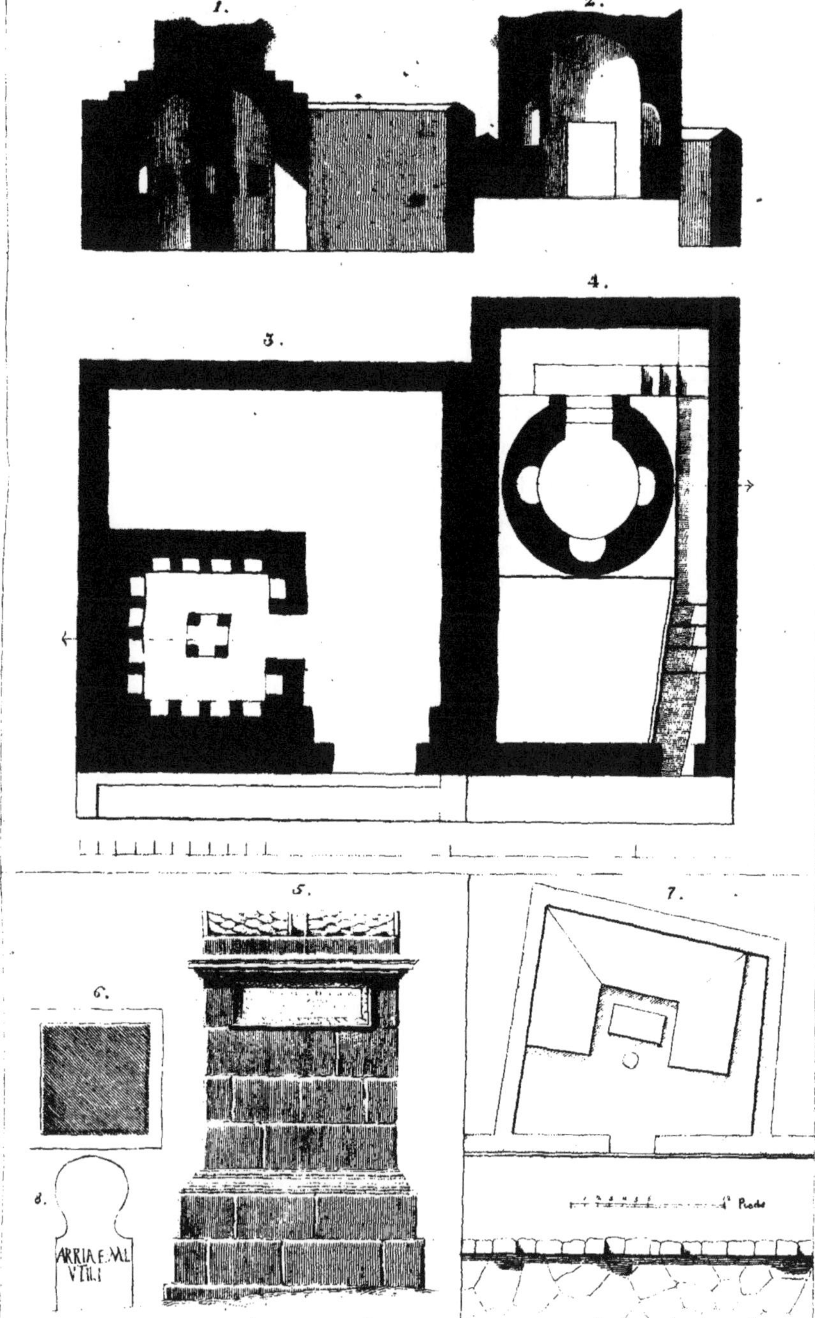

Pl. II.

PL.

Dessiné par Franç. Vétel

Gravé par Ferd. Kaeser à Naples 1813

PL. IV.

Fait par F. Hauser 18..

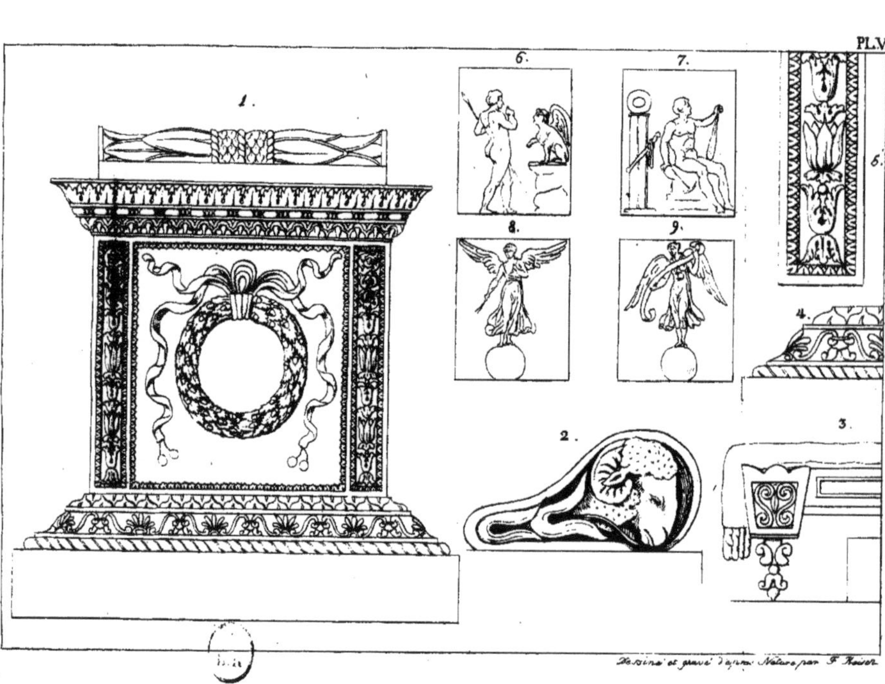
Pl. V.
1.
2.
3.
4.
5.
6.
7.
8.
9.
Dessiné et gravé d'après Nature par F. Kaiser

Pl. VI.

Fait par F. Kaiser. 1813

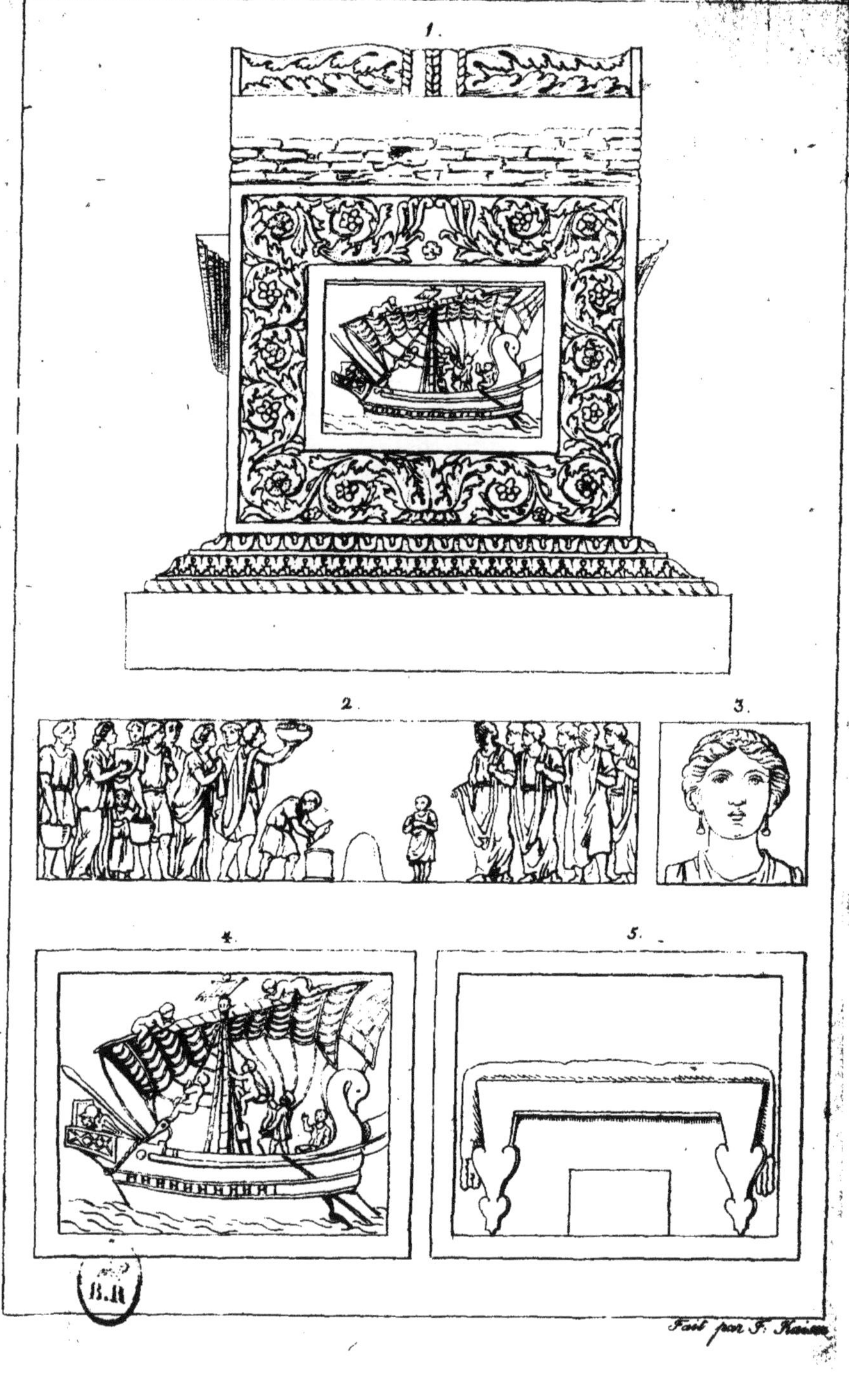

Fait par F. Kaiser